Ökonomische Bildung kompakt 2

Die Stellung der Privaten Haushalte im Wirtschaftsgeschehen

Gerd-Jan Krol
Jan Karpe
Andreas Zoerner

Ökonomische Bildung kompakt 2

Herausgeber: Institut für Ökonomische Bildung Oldenburg

Projektträger: Bertelsmann Stiftung
Heinz Nixdorf Stiftung
Ludwig-Erhard-Stiftung
Ministerium für Wirtschaft und Kultur Niedersachsen
Ministerium für Kultus, Jugend und Sport Baden-Württemberg
EWE Aktiengesellschaft Oldenburg
Stiftung der Deutschen Wirtschaft

Druck A 5 4 3 2 1 / Jahr 2009 08 07 06 05

Alle Drucke der Serie A sind im Unterricht parallel verwendbar.

Druck und Bindung: westermann druck GmbH, Braunschweig

ISBN 3-14-**116202**-6

Inhaltsverzeichnis

Geleitwort

Wirtschaft bestimmt unseren Alltag. Wer sie nicht versteht, dem erklärt sich ein wesentlicher Teil seiner Welt nicht. Vor diesem Hintergrund hat sich eine Trägerschaft ganz unterschiedlicher Couleur zusammengefunden, um einen Beitrag zur nachhaltigen Verbreitung ökonomischer Bildung in Deutschland zu leisten. Der Verbund besteht aus der Heinz Nixdorf Stiftung, der Ludwig-Erhard-Stiftung, dem Ministerium für Wissenschaft und Kultur Niedersachsen, dem Ministerium für Kultus, Jugend und Sport Baden-Württemberg, der EWE Aktiengesellschaft Oldenburg, der Stiftung der Deutschen Wirtschaft und der Bertelsmann Stiftung.

Die vorliegende Reihe geht zurück auf das Projekt „Ökonomische Bildung online", einem umfangreichen, internetgestützten Qualifizierungsprogramm für Lehrerinnen und Lehrer in ökonomischer Bildung, das von Prof. Dr. Dr. h.c. Kaminski vom Institut für Ökonomische Bildung an der Carl von Ossietzky Universität Oldenburg in Kooperation mit dem dortigen Fernstudienzentrum durchgeführt wird. Dieses Projekt wurde von der genannten Trägergemeinschaft ins Leben gerufen und stellt ein bislang einzigartiges und richtungsweisendes Public-Private-Partnership zur Förderung der ökonomischen Bildung im deutschen Schulwesen dar.

Die große und sehr positive Resonanz, die uns auf dieses Projekt – und insbesondere auf seine hochwertigen Inhalte – entgegengebracht wurde, hat uns dazu bewogen, zunächst einen Teil der dafür erstellten Module einem breiteren Kreis von Interessierten zur Verfügung zu stellen. Adressaten sollten alle sein, die ein generelles Interesse an wirtschaftlichen Fragestellungen haben, ökonomische Zusammenhänge besser verstehen möchten oder im Beruf „ökonomisches Handwerkszeug" benötigen.

Unser besonderer Dank gilt sowohl den Autoren als auch Prof. Kaminski und den Mitarbeiterinnen und Mitarbeitern des Instituts für Ökonomische Bildung für die hervorragende Bearbeitung des Themas. Darüber hinaus danken wir dem Westermann Verlag für die vertrauensvolle und konstruktive Zusammenarbeit. Die Verbreitung ökonomischer Bildung ist eine gesellschaftliche Herausforderung, der keine einzelne Institution und auch kein einzelner Träger gewachsen ist. Sie kann nur bewältigt werden, wenn mit vereinten Kräften an einem Strang gezogen wird. In diesem Sinne wünsche ich – im Namen aller genannten Trägerinstitutionen – der vorliegenden Reihe eine breite und interessierte Leserschaft!

Prof. Dr. Dr. h.c. mult. Heribert Meffert, Vorsitzender des Vorstands der Bertelsmann Stiftung

Gütersloh, im Januar 2005

Vorwort

Der allgemein bildende Charakter ökonomischer Bildung wird zunehmend erkannt, denn ohne grundlegende ökonomische Kenntnisse ist die Welt zu Beginn des 21. Jahrhunderts kaum zu verstehen. Im allgemein bildenden Schulsystem, wo Grundlagen zu legen sind, findet diese Einsicht ihren Niederschlag z. B. in der Einrichtung neuer Schulfächer (vgl. „Politik und Wirtschaft" in Niedersachsen oder Neigungsfach „Wirtschaft" in Baden-Württemberg) und der steigenden Nachfrage nach Fort- und Weiterbildungsmöglichkeiten für Lehrkräfte im wirtschaftlichen Bereich. Unzählige Initiativen und Projekte zeugen darüber hinaus bundesweit von einem gestiegenen Interesse an der Vermittlung von Grundlagenkenntnissen über Ökonomie. „Ökonomische Bildung kompakt" ist eine Taschenbuch-Reihe, die solches Grundlagenwissen über ökonomische Sachverhalte und auch die Zusammenhänge zwischen Wirtschaft, Gesellschaft und Politik vermitteln will.

Die Reihe richtet sich nicht nur an jene, die im Bildungssystem direkt mit ökonomischer Bildung zu tun haben, wie Studierende, Lehramtsanwärter und Lehrkräfte. Adressaten sind alle, die ein generelles Interesse an wirtschaftlichen Fragestellungen haben, grundlegende ökonomische Zusammenhänge besser verstehen möchten oder im Beruf „ökonomisches Handwerkszeug" benötigen. Auf verständliche und anschauliche Weise vermitteln die Autorinnen und Autoren wirtschaftswissenschaftliche Grundlagen. Sie demonstrieren, dass wissenschaftliche Theorien und Erkenntnisse auch für eine ökonomisch nicht vorgebildete Leserschaft anschaulich aufbereitet werden können, dass Interesse an einem vertieften Studium geweckt werden kann und dass ökonomische Zusammenhänge ohne spezifische Vorkenntnisse in anderen Bereichen, z. B. der Mathematik, verständlich darstellbar sind.

Der Entstehungszusammenhang der Bände ist das vom Institut für Ökonomische Bildung der Carl von Ossietzky Universität Oldenburg durchgeführte Projekt „Ökonomische Bildung online" (ÖBO, vgl. www.oebo.de), das internetgestützte Qualifizierungsangebote für Lehrkräfte im allgemein bildenden Schulsystem entwickelt hat. Für ÖBO wurden insgesamt 74 Bausteine von namhaften Wissenschaftlerinnen und Wissenschaftlern an über 40 Lehrstühlen entwickelt, gegliedert in volks- und betriebswirtschaftliche, rechtliche, didaktische und methodische Inhalte, Angebote zur Studien- und Berufsorientierung sowie zur wirtschaftswissenschaftlichen Theoriebildung.

Die ersten sieben Bände der Reihe erscheinen nun als Taschenbuch-Ausgaben der so genannten Grundbausteine von ÖBO, die das fachliche Fundament für Vertiefungen in den verschiedenen inhaltlichen Bereichen liefern. Es handelt sich im Einzelnen um:

- Die Wirtschaftsordnung als Institutionen- und Regelsystem (Band 1) – Prof. Dr. Dr. h. c. Hans Kaminski, Michael Koch M. A. (Carl von Ossietzky Universität Oldenburg)
- Die Stellung der Privaten Haushalte im Wirtschaftsgeschehen (Band 2) – Prof. Dr. Gerd-Jan Krol, Dr. Jan Karpe, Andreas Zoerner M. A. (Westfälische Wilhelms-Universität Münster)
- Unternehmen als ökonomische und soziale Aktionszentren (Band 3) – Prof. Dr. Wolfgang Weber (Universität Gesamthochschule Paderborn)
- Die Funktionen des Staates in einer marktwirtschaftlichen Ordnung (Band 4) – Prof. Dr. Hans Jürgen Schlösser (Universität Siegen)
- Wirtschaftspolitik mit internationalem Fokus (Band 5) – Prof. Dr. Hans Jürgen Schlösser (Universität Siegen)
- Internationale Wirtschaftsbeziehungen (Band 6) – Prof. Dr. Klaus-Peter Kruber (Christian-Albrechts-Universität zu Kiel)
- Wirtschaftswissenschaftliche Theoriebildung (Band 7) – Prof. Dr. Karl Homann, Matthias Meyer (Ludwig-Maximilians-Universität München)

„Ökonomische Bildung kompakt" soll bei entsprechender Nachfrage erweitert, d. h. um Bausteine aus dem Gesamtprogramm von ÖBO angereichert werden. Weitere Informationen über das Projekt und Angebote in Bezug auf Qualifizierung und Schulpraxis rund um „ökonomische Bildung" finden Sie im Internet unter www.ioeb.de.

Ohne engagierte Partner aus Wissenschaft und Wirtschaft wäre ÖBO und damit auch die Taschenbuch-Reihe nicht möglich gewesen. Dank gebührt deshalb an erster Stelle den Trägern des erfolgreichen Public-Private-Partnership-Modells, der Bertelsmann Stiftung, der Heinz Nixdorf Stiftung, der Ludwig-Erhard-Stiftung, dem Ministerium für Wissenschaft und Kultur Niedersachsen, dem Ministerium für Kultus, Jugend und Sport Baden-Württemberg, der EWE Aktiengesellschaft in Oldenburg und der Stiftung der Deutschen Wirtschaft in Berlin. Weiterhin richtet sich ausdrücklicher Dank an alle Autorinnen und Autoren der fachlichen und didaktischen eLearning-Bausteine von ÖBO, die zu einem qualitativ hochwertigen und inhaltlich breitem Gesamtprogramm beigetragen und damit ein in vieler Hinsicht innovatives Vorhaben tatkräftig unterstützt haben.

Prof. Dr. Dr. h.c. Hans Kaminski Oldenburg, im Januar 2005

Einführung

Die Privaten Haushalte sind die zentralen Bezugspunkte für die Beurteilung der Leistungsfähigkeit einer Wirtschaftsordnung. Wie bereits Adam Smith hervorhob, ist der Zweck allen Wirtschaftens die Mehrung des Wohlstands der Konsumenten. Darin unterscheiden sich marktwirtschaftliche Ordnungen sowohl von ihren historischen Vorgängern wie dem Merkantilismus als auch von den gerade unter diesem Aspekt gescheiterten sozialistischen Wirtschaftssystemen. Die in diesem Band vorgenommene Entwicklung der Stellung der Privaten Haushalte und die theoretische Untermauerung ihres Verhaltens und ihrer Handlungsmöglichkeiten stehen daher am Beginn einer systematischen Auseinandersetzung mit grundlegenden ökonomischen Zusammenhängen und Prinzipien.

Der Band umfasst sechs Kapitel. Das **erste Kapitel** thematisiert die Stellung der Privaten Haushalte im Wirtschaftskreislauf. In funktionaler Sicht werden die mit dem Einkommenserwerb, der Einkommensverwendung, mit Geldanlage und Kredit zusammenhängenden und statistisch erfassten Beziehungen des Sektors Private Haushalte zu anderen Sektoren vorgestellt. Es wird aber auch über versteckte, nicht über den Markt laufende Leistungen Privater Haushalte hingewiesen, die für das Funktionieren der Wirtschafts- und Gesellschaftsordnung unverzichtbar sind. Ein zweiter Teil dieses Kapitels systematisiert und typologisiert den bisher als monolithischen Block „Private Haushalte“ behandelten Sektor nach verschiedenen Kriterien, wie beispielsweise Haushaltseinkommen, soziale Stellung des Haupteinkommensbeziehers, der Haushaltsgröße oder nach der Lebensform. Gleichzeitig informiert dieses Kapitel über die Entwicklung der Haushaltseinkommen und der Ausgabenstruktur.

Die nächsten vier Kapitel befassen sich mit wirtschaftstheoretischen Grundlagen. **Kapitel 2** erläutert mit den Beziehungen zwischen Bedürfnissen, Bedarf, Nachfrage und Nutzen zentrale Begriffe ökonomischer Theoriebildung. Insbesondere wird hier die spezifisch ökonomische Perspektive der Deutung wirtschaftlicher und gesellschaftlicher Probleme als Knappheitsprobleme und daraus resultierend als regelungsbedürftige Verwendungskonkurrenzen entfaltet.

Das **dritte Kapitel** enthält eine Einführung in die verhaltenstheoretischen Grundlagen der Ökonomik. Zunächst werden die grundlegenden Annahmen des ökonomischen Verhaltensmodells erläutert. Es wird besonders herausgearbeitet, dass das Spezifikum des ökonomischen Denkansatzes nicht im Gegenstand der Analyse zu suchen ist, sondern in der Methodologie der Analyse realer wirtschaftlicher und gesellschaftlicher Probleme. In diesem Sinn wird der vielgescholtene „homo oeconomicus" als erklärungskräftiges Konstrukt vorgestellt, dessen Erklärungskraft und damit Relevanz an einem gerade für Bildungsprozesse höchst bedeutsamen Bereich aufgezeigt, aber auch eingegrenzt wird: der Frage nämlich, wie Moral in einer modernen Gesellschaft zum Durchbruch verholfen werden kann. Die Ökonomik verweist hier auf die Bedeutung der Anreizstrukturen als Erklärungs- und Gestaltungsvariable und stellt diese neben die Ziele und Motive der handelnden Akteure.

Das **vierte Kapitel** befasst sich mit Grundzügen der Marktkoordination. Am Beispiel der Heuristik eines idealtypischen Marktmodells werden die Koordinations- und Steuerungsfunktionen idealtypischer Märkte für die Entschärfung von Knappheitsproblemen beschrieben und ihre - wiederum idealtypische - gesellschaftspolitische Relevanz aufgezeigt. Am Beispiel von Preisinterventionen und Produktbesteuerung wird verdeutlicht, dass auch gut gemeinte politische Interventionen voraussagbar zu unerwünschten Ergebnissen führen können. Es ist eine zentrale Funktion von Theorien, auf solche unintendierten Ergebnisse intentionalen Handelns aufmerksam zu machen. Die ökonomische Theorie bietet hierzu originäre Beiträge.

Das umfangreiche **Kapitel 5** diskutiert die Frage, welche Handlungsmöglichkeiten der Verbraucher in einer Marktwirtschaft bestehen und welche Funktionen die Verbraucherinnen und Verbraucher in einer Marktwirtschaft wahrnehmen müssen, wenn das Güterangebot auf den Märkten sich an den Konsumentenpräferenzen orientieren soll. Zunächst werden in Anlehnung an die von Hirschman gegen den Leistungsabfall in Organisationen entwickelten Strategien Exit und Voice beschrieben, die verschiedene Varianten der Abwanderung sowie des Widerspruchs bzw. der Kritik enthalten. Dabei handelt es sich um grundlegende Ansatzpunkte, mit denen Verbraucher im marktwirtschaftlichen Interaktionszusammenhang Anbieter über ihre jeweiligen Verbraucherbedürfnisse informieren und nach Maßgabe ihrer „Marktleistung" belohnen bzw. bestrafen können. Das Lenkungspotenzial der Verbraucher auf Märkten hängt dabei wesentlich davon ab, ob Wahlmöglichkeiten bestehen (Marktstrukturargument), bestehende Wahlmöglichkeiten bekannt sind (Markttransparenzargument) und ob bestehende und bekannte Wahlmöglichkeiten auch genutzt werden (Marktverhaltensargument).
Das Unterkapitel 5.1 informiert dementsprechend über Einsatzpotenziale und Wirkungsbedingungen der beiden Handlungsstrategien und macht deutlich, dass es zur Gewährleistung guter Marktergebnisse jeweils nur des flexiblen Marktverhaltens einer hinreichenden Zahl von Verbrauchern bedarf.

Unterkapitel 5.2 gibt einen Überblick über den institutionellen Rahmen und informiert über Grundzüge des Verbraucherrechts. Dieses Unterkapitel verdeutlicht die mit steigender Unübersichtlichkeit der Märkte zunehmende Bedeutung des Verbraucherrechts und steckt exemplarisch den rechtlichen Rahmen von Markttransaktionen ab. Hierfür werden die zentralen verbraucherrechtrelevanten Regelungen des Kauf- und Schuldrechts wie das Kaufvertragsrecht, das Widerrufsrecht, die Kundeninformationspflichten sowie das Garantie- und Gewährleistungsrecht und das Insolvenzrecht in ihren aktuellen Regelungen dargelegt und bewertet.
Diese zunehmende Unübersichtlichkeit von Märkten wird in Unterkapitel 5.3 mit dem informationsökonomischen Ansatz von Verbraucherproblemen konzeptualisiert. Ausgangspunkt ist die These, dass es für den Verbraucher hinsichtlich zunehmender Gütervielfalt schwieriger wird, sich vor dem Kauf über relevante Eigenschaftsmerkmale zu informieren, während diese Informationen bei Anbietern quasi als Nebenprodukt der Produktion anfallen. Es besteht also ein ausgesprochenes und an Bedeutung zunehmendes Informationsgefälle zulasten der Verbraucher. Als Ergebnis eines solchen Informationsgefälles kann es zu Marktversagen kommen, bei dem sich schlechte Qualitäten durchsetzen und gute bzw. bessere Qualitäten vom Markt verdrängen. Gleichwohl kann von einer generellen Qualitätsverschlechterung nicht die Rede sein. Im Gegenteil. Verbraucher können den Qualitätsversprechen von Anbietern auch dort vertrauen, wo sie die Produktqualitäten mit vertretbarem Aufwand vor dem Kauf nicht in Erfahrung bringen könnten.
Das Unterkapitel 5.4 zeigt strategische Ansatzpunkte zur Entschärfung von Informationsasymmetrien auf, die dem Marktversagen entgegenwirken können.

Die Ansätze zur Entschärfung von Informationsasymmetrien gewinnen insbesondere angesichts der neuen Herausforderungen für Konsumenten an Bedeutung, wie sie im **Kapitel 6** mit der Virtualisierung der Märkte, der Globalisierung und den Anforderungen an „nachhaltige Konsummuster“ beschrieben werden. Virtualisierung und Globalisierung bieten den Konsumenten auf der einen Seite steigende Wahlmöglichkeiten, auf der anderen Seite erhöhen sie aber die Unübersichtlichkeit der Märkte und damit das Risiko von Fehlentscheidungen. Sie bedürfen der institutionellen Flankierung durch beispielsweise Informationshilfen und Verbraucherschutzaktivitäten. Das Konzept „nachhaltiger Konsum“ versucht eine normative Antwort auf die ökologischen und sozialen Wirkungen des westlichen Konsummodells, welches nur so lange praktikabel erscheint, wie eine hinreichend große Zahl der Weltbevölkerung von ihm ausgeschlossen werden kann. Mit der Effizienz- und mit der Suffizienzstrategie werden zwei komplementäre Strategien zur Problementschärfung vorgestellt, zu deren Instrumentierung ökonomische Erklärungsansätze einen zentralen Beitrag leisten können.

Der Grundbaustein „Die Stellung der Privaten Haushalte im Wirtschaftsgeschehen“ liefert das fachliche Fundament in dem Inhaltsbereich Private Haushalte. Für die fachliche Vertiefung sollen darüber hinaus in Zukunft die Bausteine „Formen und Funktionen von Märkten und Preisbildung“, „Theorien des Konsumentenverhaltens“, „Geldanlage und Vermögensbildung“ und „Finanzdienstleistungen und Verbraucherschutz für Private Haushalte“ online zur Verfügung stehen.

Weitere Informationen hierzu sowie eine Übersicht aller Bausteine und Inhaltsbereiche von ÖBO finden Sie unter http://www.oebo.de.

1 Der Private Haushalt im Wirtschaftskreislauf

1.1 Der Private Haushalt in funktionaler Perspektive

Private Haushalte sind – neben den Unternehmen und dem Staat – die zentralen Akteure in unserem Wirtschaftssystem. Das Kapitel 1.1 hat zum Ziel, die Privaten Haushalte aus einer ökonomisch-funktionalen Perspektive vorzustellen. Zunächst wird dazu im Abschnitt 1.1.1 der ökonomische Begriff des „Privaten Haushalts“ erläutert: Was versteht die Wirtschaftswissenschaft unter dem Wirtschaftsakteur „Privater Haushalt“? Und was ist unter dem „Wirtschaftssektor der Privaten Haushalte“ zu verstehen? Abschnitt 1.1.2 beschreibt den Privaten Haushalt aus gesamtwirtschaftlicher Sicht: Welche Stellung haben die Privaten Haushalte im Wirtschaftsgeschehen? Und welche Beziehungen bestehen zu den Wirtschaftssektoren Unternehmen, Staat und Ausland? Anhand eines stark vereinfachten Kreislaufmodells lässt sich die Größenordnung der ökonomischen Aktivitäten des Sektors der Privaten Haushalte nachvollziehen. Diese Aktivitäten werden in den Abschnitten 1.1.3 bis 1.1.8 näher beleuchtet. Dargestellt wird die Bedeutung des Haushalts als Anbieter des Produktionsfaktors Arbeit (vgl. 1.1.3), die Entwicklung des von den Haushalten erzielten Einkommens (vgl. 1.1.4) und die Einkommensverwendung, also die Rolle von Haushalten als Nachfrager von Konsumgütern (vgl. 1.1.5). Darüber hinaus werden Motive und Größenordnungen des Sparverhaltens der Haushalte vorgestellt (vgl. 1.1.6 und 1.1.7). Die in diesen Abschnitten knapp dargelegten theoretischen Zusammenhänge werden jeweils um empirische Daten ergänzt.

1.1.1 Der ökonomische Begriff „Privater Haushalt“

Die Wirtschaftswissenschaft nimmt bei ihrem Versuch, die komplexe Realität zu beschreiben, Vereinfachungen vor. Das Konzept des Privaten Haushalts beruht auf der Annahme, dass ökonomisch relevante Entscheidungen (z. B. über die Verwendung der erzielten Einkommen) in der Regel zwischen den einzelnen Mitgliedern des in einer Wohneinheit zusammenlebenden sozialen Verbunds (z. B. einer Familie) koordiniert sind. Anders gesagt: In Belangen des Einkommenserwerbs und der Einkommensverwendung wird unterstellt, dass Individuen als Teil einer Einheit agieren. Diese aus einer Personengruppe (Mehrpersonenhaushalt) oder aus einer Einzelperson (Einpersonenhaushalt) bestehende Einkommens- und Konsumeinheit wird in der Ökonomie als „Privater Haushalt“ bezeichnet. Die Vorstellung von der „Einkommens- und Konsumeinheit Privater Haushalt“ spiegelt sich auch im Begriff des Wirtschaftssubjekts, als der

der Haushalt – in Abgrenzung zu den in ihm lebenden Individuen – verstanden wird. Träger der Entscheidungen über den Einkommenserwerb und die Einkommensverwendung ist also „der Haushalt".
Die Gesamtheit der Privaten Haushalte in einer Volkswirtschaft wird in der Ökonomie zusammen mit den Organisationen ohne Erwerbszweck und den Anstaltshaushalten zum „Sektor der Privaten Haushalte" zusammengefasst. Als solcher steht er in der Volkswirtschaftlichen Gesamtrechnung dem Unternehmenssektor sowie den Sektoren „Staat" (öffentliche Haushalte) und „Ausland" gegenüber. Über ihre ökonomischen Aktivitäten sind die Privaten Haushalte nun vielfältig mit den anderen Sektoren der Volkswirtschaft verbunden. In erster Linie treten sie dabei als Nachfrager von Konsumgütern sowie als Eigentümer und Anbieter von Produktionsfaktoren (Arbeit, Kapital) auf.

1.1.2 Der Private Haushalt in der Volkswirtschaftlichen Gesamtrechnung

Die Beziehungen des Sektors der Privaten Haushalte zu den anderen Sektoren der Volkswirtschaft lassen sich in der Volkswirtschaftlichen Gesamtrechnung ex post nachvollziehen und in Form des Wirtschaftskreislaufs abbilden. Abbildung_1.1.2_1 stellt in einem Ausschnitt die direkten (Geld-)Ströme zwischen den Privaten Haushalten und den Unternehmen sowie dem Staat im Jahr 1999 dar. Ihnen standen jeweils entsprechende reale Ströme gegenüber, die hier nicht abgebildet sind. Aus Gründen unzureichender Trennschärfe wird hier ebenfalls auf die Darstellung der Beziehungen zum Ausland verzichtet, auch wenn diesen in der Praxis eine keinesfalls geringe Bedeutung zukommt (man denke etwa an Auslandsurlaube deutscher Touristen oder an die Überweisungen der ausländischen, in Deutschland Erwerbstätigen in ihre Heimatländer).

1.	PH an Unternehmen	privater Konsum:	1.145,88
2.	PH an Bankensystem	Sparen:	126,42
3.	Unternehmen an PH	Arbeitnehmerentgelte von Unternehmen:	888,36
4.	Staat an PH	Arbeitnehmerentgelte vom Staat:	165,05
5.	Unternehmen an PH	Einkommen aus Unternehmertätigkeit:	179,42
6.	Bankensystem an PH	Vermögenseinkommen:	248,65
7.	Staat an PH	Transferseinkommen:	464,79
8.	PH an Staat	Einkommens- und Vermögenssteuern:	204,45
9.	PH an Staat	tatsächliche und unterstellte Sozialbeiträge der PH:	413,62

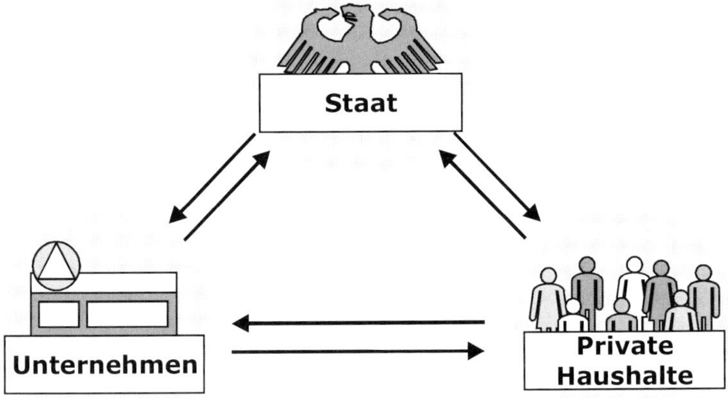

Abb. 1.1.2_1: Ökonomische Aktivitäten der Haushalte nach der Volkswirtschaftlichen Gesamtrechnung, (Deutschland 1999 in Mrd.) und vereinfachter Wirtschaftskreislauf; (1 € = 1,95583 DM)
Quelle: SVR, Jahresgutachten 2000/2001; Statistisches Bundesamt 2001

Der Sektor der Privaten Haushalte erwirbt Einkommen aus vier großen Quellen. Im Jahr 1999 erhielten die Privaten Haushalte (einschließlich der Haushalte in Anstalten und der Haushalte von Organisationen ohne Erwerbscharakter) Arbeitnehmerentgelte von Unternehmen in Höhe von 888,36 Mrd. € und Arbeitnehmerentgelte vom Staat in Höhe von 165,05 Mrd. €. Durch Unternehmertätigkeit erzielten sie ein Einkommen von 179,42 Mrd. €. Sie erhielten staatliche Transfers im Umfang von 464,79 Mrd. € und erlangten ein Einkommen aus Vermögen von 248,65 Mrd. €. Hinzu traten sonstige Transfers (aus Betriebsrenten, Übertragungen von Privaten und anderes mehr) in Höhe von 65,84 Mrd. €, die in der Übersicht aufgrund mangelnder Spezifik nicht dargestellt sind.
Aus diesem Einkommen zahlten die Privaten Haushalte tatsächliche und unterstellte Beiträge zur staatlichen Sozialversicherung im Umfang von 413,62 Mrd. € und Steuern auf Einkommen und Vermögen (direkte Steu-

ern) in Höhe von 204,45 Mrd. €. Aus dem verbliebenen verfügbaren Einkommen tätigten sie Ausgaben für den Privaten Konsum im Umfang von 1.145,88 Mrd. €. 126,42 Mrd. € wurden gespart.

	Bruttosozialprodukt (zu Marktpreisen)
-	Abschreibungen
=	Nettosozialprodukt (zu Marktpreisen)
-	indirekte Steuern
+	Subventionen
=	Nettosozialprodukt (zu Faktorkosten)
=	Volkseinkommen
-	tatsächliche und unterstellte Sozialbeiträge der Arbeitgeber
-	tatsächliche Sozialbeiträge der Arbeitnehmer
-	Lohnsteuern sowie Steuern und Abgaben auf Einkommen aus Unternehmertätigkeit
-	Steuern auf Einkommen aus Vermögen
-	sonstige laufende Übertragungen der Privaten Haushalte
+	Transfereinkommen
=	verfügbares Einkommen der Privaten Haushalte

Abb. 1.1.2_2: Vom Sozialprodukt zum verfügbaren Einkommen der Privaten Haushalte

1.1.3 Private Haushalte als Anbieter des Produktionsfaktors Arbeit

Um ihre Bedürfnisse auf den Gütermärkten befriedigen zu können, benötigen die Privaten Haushalte Einkommen und/oder Vermögen. Zu diesem Zweck bieten sie auf den Faktormärkten den anderen Wirtschaftssektoren Produktionsfaktoren an. Zentrale Bedeutung besitzt für die Mehrzahl der Privaten Haushalte dabei der Faktor Arbeit.

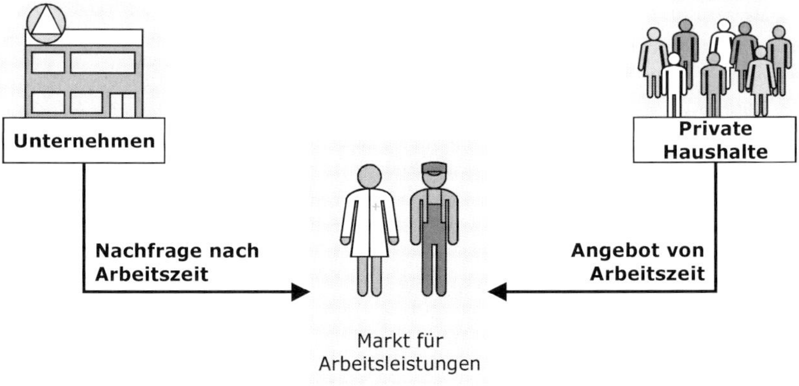

Abb. 1.1.3_1: Produktionsfaktor Arbeit

Theoretisch können die Haushalte ihr Arbeitsangebot gemäß ihrer individuellen Präferenzen gestalten. Sie wählen dabei eine ihren Bedürfnissen entsprechende Kombination aus Arbeits- und Freizeit. In der Praxis bestehen diese Wahlmöglichkeiten jedoch häufig so nicht. Arbeitszeiten werden in der Gesellschaft mehr oder weniger starr vorgegeben. Haushalte steuern daher in der Regel ihr Arbeitsangebot durch die Entscheidung, wie viele Haushaltsmitglieder dem Arbeitsmarkt zur Verfügung stehen sollen. Doppel- und Nebenerwerbstätigkeit sowie Überstunden und Teilzeitarbeit bieten Haushalten jedoch Möglichkeiten, das Arbeitsangebot eher gemäß der eigenen Bedürfnisse zu gestalten. Abbildung a_1.1.3_1 (siehe Anhang) zeigt die Entwicklung der Erwerbstätigkeit in der Bundesrepublik Deutschland.
Hier lassen sich mehrere Entwicklungen ausmachen: Die steigende Zahl der Erwerbspersonen entwickelt sich etwa parallel zum Bevölkerungswachstum. Die Erwerbsquote, gemessen als Anteil der Erwerbspersonen an der Bevölkerung, steigt von 1960 bis 1990 in den alten Bundesländern – nach einem Absinken in den Siebzigerjahren – lediglich leicht von 47,8 % auf 48,0 %. Im vereinigten Deutschland fällt der durch den Beitritt der fünf neuen Bundesländer erhöhte Wert von 1991 (50,9 %) bis zur Mitte der Neunzigerjahre und steigt dann wieder stetig auf nunmehr 50,9 % an.
Eine hinter diesen Daten versteckte Entwicklung sollte allerdings hervorgehoben werden: Es zeigt sich, dass sich das Erwerbsverhalten von Männern und Frauen gegenläufig entwickelt: Während die Erwerbsquote der Männer von 63,6 % (1960) auf 60,0 % (1991) zurückging und im vereinigten Deutschland im Jahr 2003 nur noch bei 56,1 % lag, stieg die Erwerbsquote der Frauen von 33,6 % (1960) über 38,8 % (1991) auf

nunmehr 43,1 % im Jahr 2003 (BMA 2004). Der Abstand zwischen den Erwerbsquoten von Männern und Frauen hat sich damit auf weniger als die Hälfte des Jahres 1960 verringert.
Die Betrachtung der Entwicklung der Personenzahl gibt jedoch nur ein unvollständiges Bild vom Arbeitsangebot der Privaten Haushalte. Unberücksichtigt bleibt dabei dessen Struktur. So hat sich beispielsweise im Zeitraum von 1991 bis 2000 die Teilzeitquote (das ist der Anteil der Teilzeitbeschäftigungen an allen Arbeitsverhältnissen der abhängig Beschäftigten) von 17,6 auf 26,7 % erhöht (iab Kurzbericht 3/2001, 5). Abb. 1.1.3_2 zeigt die Veränderung des Arbeitsvolumens in der Bundesrepublik. Das „Arbeitsvolumen" bezeichnet die Anzahl der im Sinn der Volkswirtschaftlichen Gesamtrechnung geleisteten Arbeitsstunden (Regelarbeitszeit + Überstunden – Fehlzeiten). Deutlich wird dabei für die alten Bundesländer der Rückgang sowohl der gesamtwirtschaftlichen als auch der durchschnittlichen individuellen Volumina. Im vereinigten Deutschland des Jahrs 2003 betrug das Arbeitsvolumen je Erwerbstätigem nur noch gut zwei Drittel des Volumens des Jahrs 1960.

Jahr	Gesamtwirtschaftliches Arbeitsvolumen	Arbeitsvolumen je Erwerbstätigen	
	Mrd. Stunden	Stunden	1960 = 100
1960	56,34	2162	100
1965	55,27	2066	95,6
1970	51,91	1955	90,4
1975	46,67	1794	83,0
1980	47,21	1750	80,9
1985	44,90	1695	78,4
1990	45,87	1611	74,5
1991	59,25	1541	71,3
1995	56,84	1520	70,3
2000	56,70	1463	67,7
2003	55,29	1444	66,8

Abb. 1.1.3_2: Veränderung des Arbeitsvolumens, Deutschland 1960–2003 (bis 1990 alte, danach alte und neue Bundesländer)
Quelle: BMA 2004, Tabelle 4.8

1.1.4 Das Einkommen der Privaten Haushalte

Nach Aussage der Volkswirtschaftlichen Gesamtrechnung stiegen von 1960 bis heute die nominalen Einkommen der Privaten Haushalte erheblich: Das Volkseinkommen und das verfügbare Einkommen der Privaten Haushalte betrug im Jahr 2003 gut das Zwölffache des Jahres 1960, das

Volkseinkommen je Einwohner ist im gleichen Zeitraum auf mehr als das Achtfache gestiegen (vgl. Abbildung 1.1.4_1).

Jahr	Volkseinkommen	Volkseinkommen je Einwohner	Verfügbares Einkommen der Privaten Haushalte
	Mrd. €	€	Mrd. €
	in jeweiligen Preisen		
1960	122,8	2.214,9	107,6
1965	183,3	3.126,5	158,5
1970	271,2	4.471,2	228,1
1975	409,3	6.618,2	341,5
1980	582,7	9.468,1	471,4
1985	719,3	11.796,0	572,6
1990	967,5	15.294,8	783,4
1991	1.167,2	14.592,8	970,8
1995	1.358,7	16.637,4	1.142,5
2000	1.506,1	18.335,4	1.300,9
2003	1.579,7	19.075,2	1.384,6

Abb. 1.1.4_1: Erhöhung des Volkseinkommens und des verfügbaren Einkommens der Privaten Haushalte, Deutschland 1960 bis 2003 (bis 1990 alte Bundesländer)
Quelle: SVR, Jahresgutachten 1995/1996, 2000/2001 und 2003/2004; Statistisches Bundesamt, Volkswirtschaftliche Gesamtrechnungen, http://www.destatis.de/basis/d/vgr/vgrtab7.htm (21.09.2004)

Doch auch real hat sich das Einkommen der Haushalte spürbar erhöht. So stiegen in den westdeutschen Bundesländern die jährlichen Nettorealverdienste – das ist der inflationsbereinigte Wert der Bruttolöhne und -gehälter abzüglich der Lohnsteuer und der Beiträge zur Sozialversicherung – je beschäftigtem Arbeitnehmer von 11.041 € im Jahr 1965 auf 17.403 € im Jahr 1990. Im vereinigten Deutschland ist der Wert leicht von 15.810 € im Jahr 1991 auf nunmehr 15.256 € im Jahr 2000 gesunken.
Die sich in den steigenden Reallöhnen manifestierenden Produktivitätszuwächse in der deutschen Volkswirtschaft führten zu einem deutlichen Anstieg der Kaufkraft der Lohnminute. Musste für ein Mischbrot im Jahr 1960 noch durchschnittlich zwanzig Minuten gearbeitet werden, so waren dies im Jahr 2000 noch elf Minuten. Für 250 g Butter wurden im Jahr 2000 fünf Minuten statt der 1960 39 Minuten benötigt. Die Abbildung 1.1.4_2 veranschaulicht den Kaufkraftgewinn an einigen prägnanten Beispielen.

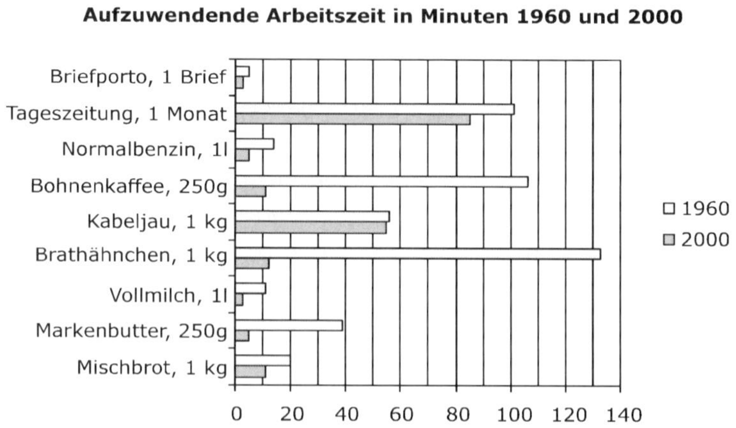

Abb. 1.1.4_2: Entwicklung der Kaufkraft der Lohnminute 1960-2000
Quelle: iw Köln 2001, Tabelle 6.5

1.1.5 Private Haushalte als Nachfrager von Waren und Dienstleistungen

Die Ausgaben für den privaten Konsum durch den Sektor der Privaten Haushalte haben für die Volkswirtschaft eine große Bedeutung: Mehr als die Hälfte des deutschen Bruttoinlandsprodukts (das ist die Summe aller in Deutschland erzeugten Güter und Dienstleistungen) wird für den privaten Verbrauch verwendet.

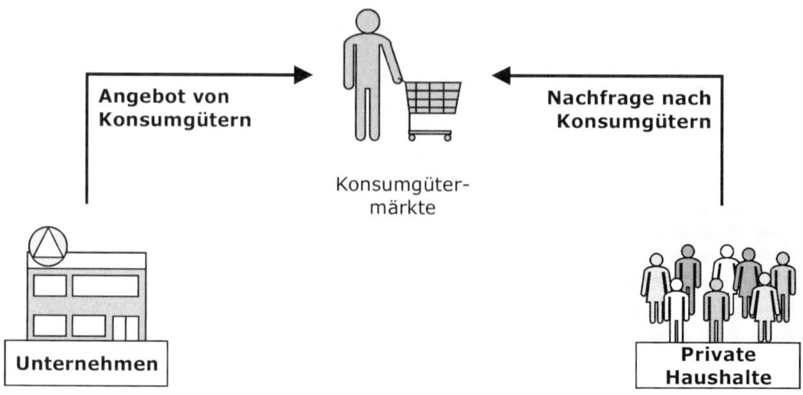

Abb. 1.1.5_1: Konsumgütermärkte

Die nominalen Ausgaben der Privaten Haushalte für Konsumzwecke haben sich in den westdeutschen Bundesländern im Zeitraum von 1960 bis 1991 mehr als verachtfacht: Sie stiegen von umgerechnet 87.860 Mrd. € (1960) auf 745.620 Mrd. € im Jahr 1991. Im vereinigten Deutschland des Jahres 2003 betragen sie inzwischen 1.255.300 Mrd. € (BMA 2004). Dabei ist der Anteil der privaten Konsumausgaben am Bruttoinlandsprodukt weitgehend konstant geblieben: In den Jahren von 1960 bis 1991 bewegte er sich zwischen 53,8 % (1991) und 57,4 % (1981). Im vereinigten Deutschland ist dieser Wert jedoch deutlich angestiegen und lag im Jahr 2001 bei 59,7 % (BMA 2004).
Für den einzelnen Durchschnittshaushalt lässt sich ein ähnlicher Trend beobachten: Abbildung a_1.1.5_1 (siehe Anhang) zeigt, dass sich die Konsumausgaben eines vier Personen-Arbeitnehmerhaushalts mit mittlerem Einkommen in der Zeit von 1950 bis 1995 mit einer Steigerung auf das Vierzehnfache drastisch erhöht haben, während gleichzeitig der Anteil der Marktentnahme am ausgabefähigen Einkommen deutlich zurückgegangen ist (die Spalte für 1998 weist nicht mehr Haushalte mit mittlerem Einkommen, sondern den durchschnittlichen vier Personen-Arbeitnehmer-Haushalt aus).
Die Marktentnahme in dieser Zusammenstellung enthält nach der Konvention des Statistischen Bundesamtes nicht die Aufwendungen der Privaten Haushalte für Versicherungsbeiträge und -prämien, freiwillige Beiträge zur gesetzlichen Renten- und Krankenversicherung oder sonstige direkte Steuern. Die Quote für die Marktentnahme ist daher hier nicht zu verwechseln mit der gesamtwirtschaftlichen Konsumquote oder auch der Konsumquote der Privaten Haushalte.
Abbildung a_1.1.5_2 (siehe Anhang) gibt einen Einblick in die Verwendung der Konsumsumme auf verschiedene Güter(-bündel) durch die Privaten Haushalte und zeigt die Strukturveränderung, die die Nachfrage der Privaten Haushalte in den vergangenen fünfzig Jahren erfahren hat.
Während ein durchschnittlicher Haushalt 1950 noch mehr als die Hälfte seiner Ausgaben für den privaten Verbrauch für Lebensmittel, Getränke und Tabakwaren verwandte, sank dieser Anteil bis 1998 auf ein Sechstel. Auch der Anteil der Ausgaben für Kleidung und Schuhe sank erheblich. Deutlich gestiegen ist der Anteil der Ausgaben für die Wohnungsmiete sowie für Verkehr und Nachrichtenübermittlung. Hier hat sich der Anteil mehr als verachtfacht.

1.1.6 Sparmotive der Privaten Haushalte

Private Haushalte haben das Ziel, Bedürfnisse mittels des Konsums von Gütern zu befriedigen. Die dafür notwendigen Mittel erhalten die Haushalte über den Verkauf von Faktorleistungen (Abschnitte 1.1.3 und 1.1.4).

Gleichwohl lässt sich beobachten, dass Haushalte nicht ihr gesamtes Einkommen in den Konsum fließen lassen, sondern dass sie vielmehr einen Teil daraus sparen. Aus welchen Gründen geschieht dies, wenn Sparen doch notwendigerweise (zunächst) immer mit einem Konsumverzicht verbunden ist?
Im Sparverhalten der Privaten Haushalte lassen sich drei Motive unterscheiden:

- Zielsparen,
- Vorsichtssparen,
- Vorsorgesparen.

Abb. 1.1.6_1: Sparmotive

Nicht jeder Konsumwunsch lässt sich gleich und direkt aus dem laufenden Einkommen finanzieren. Abhängig vom Anschaffungswert des gewünschten Guts müssen Haushalte also eine Zeit lang auf Konsum verzichten, um das dadurch eingesparte Einkommen beim Erreichen des Sparziels in den Konsum fließen lassen zu können. Diese Form des Sparens bezeichnet man als Zielsparen.

Demgegenüber fehlt beim Vorsichtssparen das festgelegte Sparziel. Haushalte betreiben diese Form des Sparens, um dringende und unvorhergesehene Ausgabenotwendigkeiten bestreiten zu können. Zwar verfügt die Gesellschaft mit den Versicherungen über Institutionen, die – beispielsweise in Form von Krankenversicherungen, Hausratversicherungen, Kaskoversicherungen oder Risiko-Lebensversicherungen – den Privaten Haushalten in diversen Schadensfällen finanzielle Risiken abnehmen können, dennoch bezeichnet man die Prämien an diese Versicherungen nicht als Sparleistungen: Ersparnisse wachsen den Haushalten definitionsgemäß als Vermögen zu. Versicherungsprämien in den o. g. Beispielen hingegen begründen zwar einen Anspruch auf Leistungen im Schadensfall, sind jedoch bei dessen Nicht-Eintritt für die Haushalte verloren.
Mit dem Vorsorgesparen schließlich betreiben die Privaten Haushalte freiwillig einen gezielten Aufbau von Vermögen zur Absicherung von zukünftigen Lebenssituationen, für die ein geringerer Einkommensfluss erwartet wird, z. B. den durch Alter oder Arbeitslosigkeit bedingten Austritt aus dem Erwerbsleben. Auch wenn es heutzutage noch einzelne Haushalte gibt, die „Vorsorgesparen“ daheim im Wäscheschrank oder unter der Matratze betreiben, so ist mit dem Vorsorgesparen in der Regel die Absicht der Realisierung von Renditen verbunden: Sparen wird dann zur bewussten Geldanlage. Aus dem Geldanlageangebot der Banken wählen Verbraucher dabei eine ihren Bedürfnissen entsprechende Kombination aus Verzinsung, Laufzeit und Risiko, dem „magischen Dreieck“ der Geldanlage.
Das Kriterium der Freiwilligkeit von Vorsorgesparleistungen zeigt an, dass die Beiträge zu den staatlichen Pflichtversicherungssystemen, die individuelle Lebensrisiken absichern sollen (gesetzliche Rentenversicherung, Arbeitslosenversicherung) nicht als Sparleistungen gelten. Der Grund dafür ist methodischer Art: Die Haushalte erwerben durch das Zahlen der Beiträge zur Pflichtversicherung – im Unterschied zum freiwilligen Vermögensaufbau – kein Eigentum und sie erhalten über die eingezahlten Beträge keine Verfügungsrechte. So können beispielsweise „angesparte“ Rentenbeiträge aus der gesetzlichen Rentenversicherung nicht einmalig ausgezahlt oder vererbt werden. Sparleistungen der Haushalte begründen demgegenüber jedoch immer die Eigentums- und Verfügungsrechte über die Spartitel (Börsch-Supan u. a. 1999).
Sparentscheidungen werden von den Haushalten sowohl längerfristig geplant (Zielsparen, Vorsorgesparen) als auch als Restgröße der getroffenen Konsumentscheidungen übernommen (Sparen, was übrig bleibt). Wie sehr das Sparverhalten dabei abhängig ist von der Höhe des verfügbaren Einkommens, belegt die folgende Abbildung 1.1.6_1 (Statistisches Bundesamt 2004):

Haushaltsnetto-einkommen	verfügbares Einkommen	privater Verbrauch	Ersparnis	Sparquote
€ je Monat				i. v. H.
Unter 900	709	803	- 91	- 12,8
900 bis 1.300	1.131	1.102	- 6	- 0,5
1.300 bis 1.500	1.427	1.335	17	1,2
1.500 bis 2.000	1.769	1.569	50	2,8
2.000 bis 2.600	2.332	1.977	120	5,1
2.600 bis 3.600	3.121	2.463	299	9,6
3.600 bis 5.000	4.282	3.040	602	14,1
5.000 bis 18.000	6.990	4.065	1.524	21,8

Abb. 1.1.6_2: Einkommenshöhe und Sparverhalten in Deutschland 2003
Quelle: Statistisches Bundesamt 2004a, Tabelle 5

Die Tabelle zeigt, dass bis zu einem monatlichen Haushaltsnettoeinkommen von 1.300 € der Konsum das verfügbare Einkommen deutlich übersteigt. Konsumausgaben werden dabei entweder durch Auflösen der Ersparnisse (Entsparen) oder durch die Aufnahme von Krediten finanziert. Erst bei Haushaltsnettoeinkommen oberhalb von 1.300 € findet eine positive Ersparnis statt. In der obersten Einkommensklasse fließt mehr als ein Fünftel des ausgabefähigen Einkommens in die Ersparnis.

1.1.7 Sparverhalten und Kreditaufnahme der Privaten Haushalte

Die Sparleistungen der Privaten Haushalte haben nicht nur eine individuelle Bedeutung zur Bildung von Vermögen, ihnen kommt auch eine gesamtwirtschaftliche Funktion zu. Sparen stellt ein Angebot des Produktionsfaktors Kapital durch die Privaten Haushalte dar, das ihnen durch die Zahlung von Zinsen honoriert wird. Auch wenn – wie Abbildung 1.1.7_1 verdeutlicht – die jährliche Sparleistung der Privaten Haushalte starken Schwankungen unterliegt, so ist sie doch langfristig von umgerechnet 8,2 Mrd. € im Jahr 1960 auf 117,2 Mrd. € (1991) und damit auf nahezu das Vierzehnfache gestiegen. Im Jahr 2003 betrug die Sparleistung der Privaten Haushalte 151,3 Mrd. €, diese Zahl ist jedoch mit den vor 1991 liegenden Werten revisionsbedingt nicht vergleichbar (BMA 2001; BMA 2004).

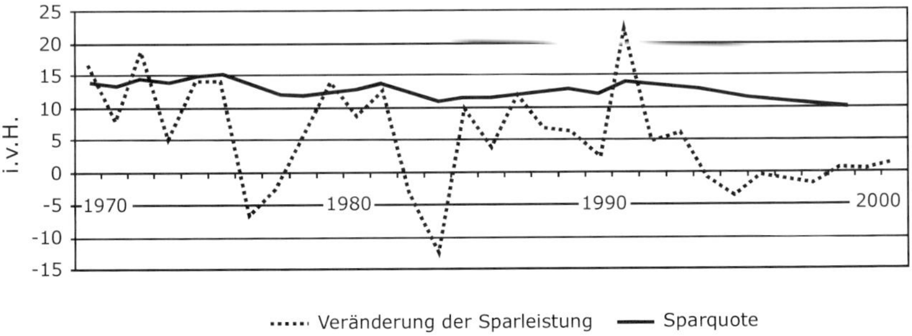

Abb. 1.1.7_1: Veränderung der jährlichen Sparleistung und Sparquote der Privaten Haushalte, Deutschland 1970–2003 (bis 1991 alte Bundesländer)
Quelle: BMA (2004)

Die Sparquote der Privaten Haushalte – der Anteil der Ersparnisse am verfügbaren Einkommen der Privaten Haushalte – ist dabei in der Bundesrepublik von Mitte der Sechzigerjahre bis zur Wiedervereinigung der beiden deutschen Staaten recht stabil geblieben. Seit Beginn der Neunzigerjahre ist sie jedoch stetig von 13,2 % (1991) auf 9,9 % (2000) gefallen. Seitdem ist die Sparquote wieder angestiegen und erreichte im Jahr 2003 11,0% (BMA 2004).
Abbildung 1.1.7_2 veranschaulicht, wie drastisch sich im gleichen Zeitraum der Stand der Verbindlichkeiten des Sektors der Privaten Haushalte erhöht hat: Betrugen diese zum Jahresende noch 891,5 Mrd. €, so erreichten sie 2002 schon 1.535,0 Mrd. €. Dies entspricht einer Steigerung von mehr als 75 %.

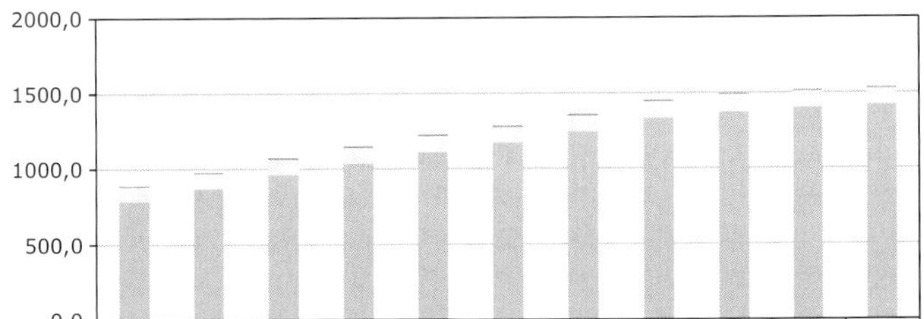

	1992	1993	1994	1995	1996	1997	1998	1999	2000	2001	2002
sonstige Verbindlichkeiten	9,5	9,9	10,4	12,3	12,2	11,8	11,9	8,9	7,5	8,0	8,5
kurzfristige Kredite	97,4	99,1	100,2	103,6	106,0	103,2	109,4	110,2	112,7	109,4	105,1
längerfristige Kredite	784,6	870,6	963,7	1034,0	1110,1	1171,9	1241,2	1331,6	1374,5	1400,1	1421,4

Abb. 1.1.7_2: Verbindlichkeiten des Sektors der Privaten Haushalte 1992 bis 2002. Mrd. €, Stand jeweils am Jahresende
Quelle: Deutsche Bundesbank: Finanzierungsrechnung 1992 bis 2002

1.1.8 „Verdeckte“ ökonomische Aktivitäten der Privaten Haushalte

Neben ihren Funktionen als Anbieter von Produktionsfaktoren sowie als Nachfrager von Gütern und Dienstleistungen auf den Konsumgütermärkten erbringen die Privaten Haushalte in einer Volkswirtschaft auch zahlreiche „verdeckte“ Leistungen. „Verdeckt“ meint in diesem Zusammenhang, dass die Leistungen, da sie nicht über Märkte abgewickelt werden, nicht in offiziellen Statistiken und Rechenwerken erfasst werden. Zu ihnen zählen in erster Linie selbst erstellte – und meist selbst in Anspruch genommene – Dienstleistungen: Kindererziehung und -betreuung, Pflege von kranken und alten Menschen, Zubereitung von Nahrung, Freizeitaktivitäten, Instandhaltung von Wohnung, Haus und Garten, Pflege und Reparatur von Fahrzeugen, Hausaufgabenhilfe, Gebäudereinigung und anderes mehr.

Im Rahmen von so genannter Nachbarschaftshilfe und ehrenamtlichen, sozialen Engagements stellen Haushalte derartige Dienstleistungen auch anderen Personen als den eigenen Haushaltsmitgliedern zur Verfügung. So wird der im internationalen Vergleich recht niedrige Anteil der Dienstleistungen an der Wertschöpfung in Deutschland in einigen Erklärungsansätzen auch auf eine besonders ausgeprägte Do-It-Yourself-Neigung der Deutschen zurückgeführt.

Über den Umfang all dieser Aktivitäten gibt es keine soliden Erkenntnisse, eben weil diese Leistungen nicht über Märkte vermittelt werden. Daher entziehen sie sich auch einer sicheren geldmäßigen Bewertung. Ihre volkswirtschaftliche Bedeutung wird jedoch offensichtlich, wenn man sich vorstellt, diese vom Haushalt (selbst) erstellten Leistungen würden – beispielsweise für das Engagieren ausgebildeter Fachkräfte – in Marktpreisen bewertet werden. Gemäß einer Untersuchung des Statistischen Landesamts Baden-Württemberg betrug die Arbeitszeit einer nichterwerbstätigen Hausfrau mit zwei Kindern im Jahr 1985 durchschnittlich 248 Stunden im Monat, was einer täglichen Arbeitszeit von 8 Stunden und 9 Minuten entspricht – Sonn- und Feiertage eingeschlossen. Legt man für diese Arbeit den durchschnittlichen Lohn einer angelernten Industriearbeiterin zu Grunde, dann ergäbe sich daraus ein rechnerischer Lohn von umgerechnet 1.638 € monatlich (Albers 2001, 61).

1.2 Strukturentwicklung der Privaten Haushalte/ Haushaltstypologien

In der funktionalen Betrachtungsweise des Privaten Haushalts erscheint dieser als eine homogene Einheit, als – ungeachtet der Zahl der in ihm lebenden Personen – ein einzelnes Wirtschaftssubjekt. Die Bedingungsanalyse der ökonomischen Theorie, in der Aussagen über das Angebot von Produktionsfaktoren und die Nachfrage nach Konsumgütern durch die Haushalte getroffen werden, muss eine solche Reduktion der komplexen Wirklichkeit vornehmen. Eine wesentliche Aufgabe der Ökonomik liegt jedoch auch in der Beschreibung wirtschaftlicher Prozesse und der wissenschaftlichen Politikberatung. Insbesondere dann, wenn Fragen der (Einkommens-)Verteilung analysiert werden, ist der Blick vor die „Black Box" Privater Haushalt nicht hinreichend. Haushalte müssen dann mittels feinerer Systematiken erfasst werden. Zwar ist die soziale Realität zu vielfältig, um sie handhabbar im Verhältnis 1:1 abzubilden, aber sie bekommt doch durch unterschiedliche Formen der Typisierung und Systematisierung ein Gesicht. In Unterkapitel 1.2 sollen daher die in der Wirtschaftswissenschaft gebräuchlichen Systematiken zur Erfassung Privater Haushalte vorgestellt werden.

Dabei muss betont werden, dass die jeweiligen Einteilungen zweckhaft sind. Sie beschreiben nicht „die Wirklichkeit", sondern setzen dem Betrachter eine bestimmte Brille auf, die auf spezifische Probleme der Einkommensentstehung, -verwendung und -verteilung fokussieren soll. Auch soll für die jeweiligen Systematiken kein Absolutheitsanspruch erhoben werden. Vielmehr sollen sie anzeigen, dass sich, unter bestimmten ökonomischen Fragestellungen, die gesellschaftliche Realität mit ihnen aussagekräftiger als mit anderen zur Verfügung stehenden Formen der Erfassung darstellen lässt. Schließlich ist vorauszuschicken, dass es sich bei den vorgestellten Größen zur Erfassung der Haushalte um analytische Trennungen handelt.

1.2.1 Erfassung nach Haushaltstypen

Die in der Bundesrepublik Deutschland lange Zeit vorherrschende Form der Erfassung der wirtschaftlichen Prozesse im Privaten Haushalt war die der Haushaltstypen. Um für Maßnahmen der Wohnungsbewirtschaftung und der sonstigen Sozialpolitik über eine nach wissenschaftlichen Maßstäben gewonnene Datenbasis zu verfügen, auf deren Grundlage sich Aussagen über die Art der Bedürftigkeit wie auch über den Erfolg wirtschafts- und sozialpolitischer Maßnahmen treffen ließen, wurden Haushalte nach sozialstrukturellen Merkmalen typisiert und deren gesamte, freiwillig offenbarte wirtschaftliche Aktivität in der „Laufenden Wirtschafts-

rechnung" des Statistischen Bundesamts erfasst. Für besonders typisch wurde dabei zunächst der „Vier-Personen-Arbeitnehmer-Haushalt mit mittlerem Einkommen" erachtet. Zu diesem Haushalt gehören Ehepaare mit zwei Kindern, von denen mindestens eines unter 15 Jahren alt sein muss. Das Einkommen dieses ausgewählten Standard-Haushalts entspricht etwa dem durchschnittlichen Verdienst eines männlichen Arbeiters in der Industrie. Seit 1954 wurde dann mit dem „Zwei-Personen-Haushalt von Rentnern und Sozialhilfeempfängern" ein zweiter, ab 1964 mit dem „Vier-Personen-Haushalt von Beamten und Angestellten mit höherem Einkommen" ein dritter Haushaltstyp erfasst, und man nahm an, dass sich anhand dieser Typen die soziale Wirklichkeit der Bundesrepublik angemessen erfassen ließe.
Diese Form der Erfassung der wirtschaftlichen Vorgänge in den Privaten Haushalten hatte bis in die Neunzigerjahre Bestand. Der insbesondere seit den Sechzigerjahren beschleunigte soziale Wandel in der Bundesrepublik Deutschland mit seiner Diversifikation traditioneller Lebens- und Familienformen hat jedoch dazu geführt, dass die drei Haushaltstypen nur noch „kaum mehr als 5 % aller Haushalte repräsentieren" (Chlumsky/Ehling 1997, 456). Die Aussagekraft der anhand dieser Typologie gewonnenen Daten ist damit zweifelhaft geworden. Seit 1997 werden Haushalte in der „Laufenden Wirtschaftsrechnung" des Statistischen Bundesamts nach der Haushaltsgröße erfasst.

1.2.2 Darstellung nach der Höhe der Haushaltseinkommen

Seit 1964 werden die Haushalte nicht nur nach den drei o. g. Haushaltstypen, sondern darüber hinaus nach der Höhe der (Haushaltsnetto-) Einkommen gruppiert. Dahinter steht die Annahme, dass über die wirtschaftliche Lage der Privaten Haushalte weniger deren direkte Einkommensverwendung, also die Höhe der Ausgaben für den privaten Konsum, Auskunft geben könne, als vielmehr die Höhe der Einkommen der Haushalte selbst. Eine derartige Darstellung erlaube nun eher Aussagen über die vorhandenen bzw. nicht vorhandenen Möglichkeiten der Einkommensverwendung sowie über den allgemeinen Haushaltsdurchschnitt bzw. über Abweichungen davon.

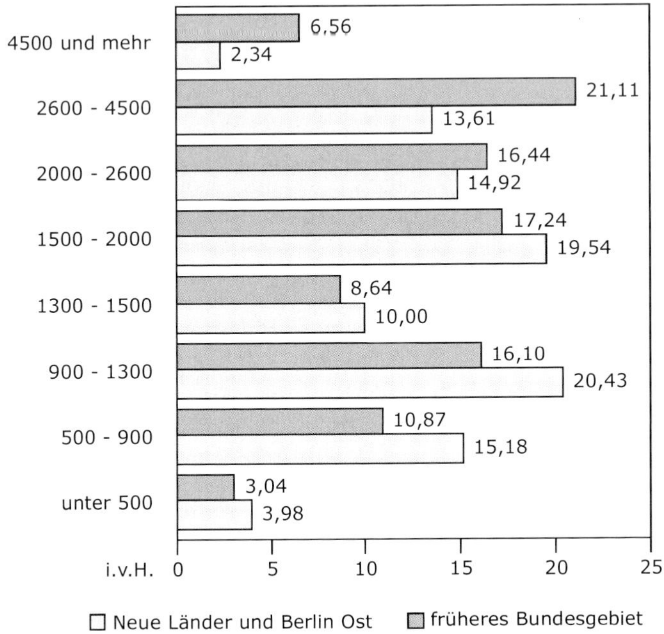

Abb. 1.2.2_1: Einkommensverteilung im April 2002, monatliches Haushaltsnettoeinkommen in €
Quelle: Statistisches Bundesamt 2003, 64

Gegen diese Art der Typisierung von Haushalten wird eingewendet, dass sie Haushalte – wie in der theoriehaften Bedingungsanalyse – als homogene Einheit ansähe und über wesentliche Haushaltsstrukturmerkmale hinwegsähe. So spiele es für zahlreiche wirtschaftspolitische Fragestellungen eine entscheidende Rolle, ob das Haushaltseinkommen für eine oder für fünf im Haushalt lebende Personen ausreichen müsse. Diese Kritik aufnehmend ist das Konzept des „Äquivalenzeinkommens“ entwickelt worden: Hierbei wird das Haushaltseinkommen nach Zahl und Alter der im Haushalt lebenden Personen gewichtet. Dabei wird berücksichtigt, dass Bedarfe nicht linear mit der Zahl der Haushaltsmitglieder steigen (so braucht man beispielsweise in einem Haushalt mit zwei Personen nicht zwei Herde, zwei Waschmaschinen usw.) und dass Bedarfe von Kindern eine andere finanzielle Dimension haben als die von Jugendlichen und Erwachsenen. Das so errechnete „Haushaltsäquivalenzeinkommen“ erlaubt nun einen Einkommensvergleich über unterschiedliche Haushaltsgrößen hinweg.

1.2.3 Darstellung nach sozialer Stellung des Haupteinkommensbeziehers

Schon in der Gliederung nach Haushaltstypen spielte die soziale Stellung des Haupteinkommensbeziehers eine wesentliche Rolle: So unterschied man diese nach Arbeitnehmerhaushalt, Rentner- bzw. Sozialhilfehaushalt und Beamten-/Angestelltenhaushalt. In der Typisierung nach sozialer Stellung ist dieses Konzept weiter differenziert worden, gleichzeitig spielt – im Unterschied zur Erfassung nach Haushaltstypen – die Zahl der Haushaltsmitglieder (zunächst) keine Rolle. Die derart typisierende Statistik unterscheidet Haushalte mit einem (Haupt-) Einkommen aus selbstständiger Tätigkeit (Landwirte, sonstige Selbstständige), Arbeitnehmerhaushalte (Arbeiter, Angestellte, Beamte) und Haushalte von Transfereinkommensbeziehern (Rentner, Pensionäre, Arbeitslose, Sozialhilfeempfänger, sonstige Nichterwerbstätige). Dahinter steht der Versuch, die in der Volkswirtschaftlichen Gesamtrechnung übliche Darstellung der funktionalen Einkommensverteilung (Verteilung des Volkseinkommens auf die Produktionsfaktoren) in der personellen Einkommensverteilung abzubilden. Einen Überblick über das verfügbare Einkommen der Privaten Haushalte in Abhängigkeit der sozialen Stellung gibt Abbildung 1.2.3_1.

Haushalte von	€ je Haushalt	€ je Haushaltsmitglied
Selbstständigen	88.400	15.000
Beamten	41.500	16.200
Angestellten	37.000	16.000
Arbeitern	30.000	11.200
Arbeitslosengeld-/ Arbeitslosenhilfeempfängern	19.000	8.600
Rentnern	21.600	13.100
Pensionären	29.000	17.400
Sozialhilfeempfängern	13.900	6.100
Insgesamt	**32.100**	**14.163**

Abb. 1.2.3_1: Verfügbares Einkommen der Privaten Haushalte 2002 in Deutschland
Quelle: Statistisches Bundesamt, Datenreport 2004, 125

Auch hier lässt sich nun das Konzept der Äquivalenzeinkommen ansetzen, sodass sich Vergleiche der Haushaltsgruppen über unterschiedliche Haushaltsgrößen hinweg vornehmen lassen. Gleichwohl wird die Aussagekraft dieses Ansatzes der Typisierung von der Feststellung, dass immer weniger Haushalte Einkommen aus lediglich einer Einkommensquelle beziehen, relativiert: Zum Einkommen aus abhängiger Beschäftigung

treten beispielsweise Einkommen aus freiberuflicher Tätigkeit, aus staatlichen und privaten Transfers wie auch aus Vermietung und Verpachtung.
Wie Abbildung a_1.2.3_2 (siehe Anhang) zeigt, bezogen Haushalte von Selbstständigen im Jahr 1998 13,7 % ihres Bruttoeinkommens aus unselbstständiger Arbeit, während Arbeiterhaushalte 11,1 % ihres Bruttoeinkommens aus Vermögen und Vermietung erhielten (eingeschlossen ist hier der rein rechnerische Wert des selbst genutzten Wohneigentums).
Geht man davon aus, dass der soziale Wandel in der Bundesrepublik Deutschland verstärkt dazu führt, dass

- Arbeitsverhältnisse tendenziell „prekärer" werden, Haushalte also zunehmend ihr Einkommen aus wechselnden Arbeits- und Beschäftigungsformen beziehen,
- das Gewicht staatlicher Sozialleistungen am Einkommen abnehmen, das der Einkommen aus eigener Vorsorge und damit aus eigenem Kapital für alle Haushalte zunehmen wird,

dann wird das analytische Potenzial, das die Typisierung von Haushalten nach sozialen Gruppen entfaltet, deutlich abnehmen.

1.2.4 Unterscheidung nach Haushaltsgröße

Ruft man sich in Erinnerung, dass der Zweck der Kategorisierung der wirtschaftlichen Tätigkeit der Haushalte in der angemessenen Beschreibung der sozialen Realität liegt, so scheint der Bezug auf die Haushaltsgröße ein dauerhafteres Fundament zu liefern als die Haushaltstypen.
Die Haushaltsgröße wirkt in einer sich verändernden Welt geradezu als „neutrale" Größe im Gegensatz zum den „Normalfall" festhalten wollenden Haushaltstyp. Abbildung a_1.2.4_1 (siehe Anhang) zeigt uns auf dieser Grundlage den dramatischen Wandel der Gesellschaft der Bundesrepublik Deutschland:
Während noch zu Beginn der Sechzigerjahre mehr als 30 % der Haushalte aus vier und mehr Personen bestanden und die Ein-Personen-Haushalte lediglich ein Fünftel aller Haushalte ausmachten, bestehen im Jahr 2002 mehr als ein Drittel aller Haushalte nur noch aus einer Person und lediglich in knapp einem Sechstel aller Haushalte leben vier oder mehr Personen (darunter die ehemalige „Standardfamilie"!) zusammen.
Die ökonomische Bedeutung dieses Wandels kann kaum überschätzt werden: Dies reicht von der Frage der Überantwortung bislang privat erfolgter Leistungen wie Kinderbetreuung und Altenpflege von der Familie an andere gesellschaftliche Institutionen bis hin zur Frage nach dauerhaft nachhaltigen Konsummustern in der Single-Gesellschaft.
Einige sozialpolitische Fragestellungen verlangen jedoch eine Typisierung der Haushalte über die Anzahl der in ihnen lebenden Mitglieder hinaus, denn die Zahl der Personen eines Haushalts sagt wenig über dessen

Bedürfnisse und ökonomische Leistungskraft: Ist der Ein-Personen-Haushalt der einer Rentnerin oder eines gut verdienenden Singles? Lebt im Zwei-Personen-Haushalt die allein erziehende Mutter oder aber das gut verdienende Paar mit zwei berufstätigen Partnern?

1.2.5 Systematisierung nach sozialer Lebensform

Veröffentlichungen der jüngsten Zeit berücksichtigen in der Typisierung der Privaten Haushalte neben der Haushaltsgröße auch die Art und Form des sozialen Verbunds der in den Haushalten zusammenlebenden Personen. Dies hat zu tun mit der gesellschaftlichen Debatte um die demografische Entwicklung und um die Frage nach einer finanziellen Besserstellung der Familien: Die soziale Lebensform erweist sich für diese Fragestellungen als bedeutungsvolle ökonomische Kategorie. Auf diese Weise schließt sich der Kreis, denn damit halten wieder Haushaltstypen Einzug in die Abbildung der Privaten Haushalte. Zentrale Typen sind in den Statistiken beispielsweise des Statistischen Bundesamts die allein lebende Frau, der allein lebende Mann, Paare mit bzw. ohne Kind(er) und Alleinerziehende. Abbildung 1.2.5_1 zeigt die unterschiedlich hohen Haushaltsbrutto- und -nettoeinkommen dieser Haushaltstypen.

	Allein lebende Frau	Allein lebender Mann	Paar ohne Kinder	Paar mit Kind(ern)	Allein-erziehende
Einkommensart	Angaben in €				
Haushaltsbruttoeinkommen	1.848	2.480	3.812	4.753	2.089
Haushaltsnettoeinkommen	1.525	1.901	3.119	3.753	1.789

Abb. 1.2.5_1: Durchschnittliches monatliches Haushaltsbrutto- und –netto-einkommen nach „neuen“ Haushaltstypen (erstes Halbjahr 2003)
Quelle: Statistisches Bundesamt 2004a, 16)

Erstaunlich ist hier das hohe Einkommen der Paare mit Kindern. Ist damit die These vom „Armutsrisiko Kind“ widerlegt, oder aber können sich nur Gutverdienende Kinder leisten? Derartige, von dieser Statistik nicht zu beantwortende Fragen belegen die eingangs getroffene Feststellung, dass die Typisierung von Haushalten zur besseren Erfassung und Darstellung ökonomischer Realität zweckhaft ist und es nicht „die eine“ Systematisierung gibt, die der Bearbeitung aller wirtschaftspolitischen Fragestellungen angemessen ist. Sie dienen der Heuristik und können und sollen weiterführende Fragestellungen anregen.

2 Zentrale Begriffe und Konzepte

2.1 Bedürfnis, Bedarf, Nachfrage und Nutzen

In diesem Unterkapitel sollen die zentralen Begriffe und Konzepte entwickelt werden, die für den gesamten Band „Privater Haushalt im Wirtschaftsgeschehen" eine zentrale Rolle spielen. Insbesondere für die Abschnitte 2.1.1 und 2.1.2, die sich mit der ökonomischen Verhaltenstheorie und den Grundlagen von Markt und Preisbildung befassen, sind dabei die Begriffe Bedürfnis, Bedarf, Nachfrage und Nutzen relevant.
Lernziel dieses Unterkapitels ist, diese Begriffe in ihrer grundlegenden Bedeutung kennen zu lernen und voneinander unterscheiden zu können. Dies ist nicht nur die Basis für das Verständnis der Grundzüge von Marktkoordination, sondern auch dafür, vereinfachende Gleichsetzungen von Bedürfnis und Nutzen, wie sie etwa die Werbung suggeriert, kritisch reflektieren zu können.

2.1.1 Bedürfnis

Obschon „Bedürfnis" keinen genuin ökonomischen Terminus darstellt, spielt dieser Begriff in der Wirtschaftstheorie eine wichtige Rolle. Üblicherweise wird er für das subjektive Empfinden eines Mangels verwendet: Unter Bedürfnis wird der Wunsch (bzw. das Verlangen) verstanden, etwas nötig zu haben bzw. einer Sache zu bedürfen.
Einen Anknüpfungspunkt für eine Begriffssystematisierung stellt die Frage dar, welche Bedürfnisse Individuen haben und wie sich diese Bedürfnisse herausbilden. In der Psychologie wird hier unterschieden zwischen primären, angeborenen Bedürfnissen (Trieb- oder Vitalbedürfnisse) wie Hunger, Durst und Schutz vor Gefahr sowie sekundären, erworbenen Bedürfnissen, wie die geistig-kulturellen Interessen des Menschen. Für die Wirtschaftswissenschaften relevant ist eine in dieser Tradition vorgeschlagene und bekannt gewordene Systematisierung, die vom amerikanischen Psychologen Abraham Maslow (1908-1970) geprägte „Bedürfnis-Pyramide" (grundlegend dazu Maslow 1943).

Abb. 2.1.1_1: Maslow'sche Bedürfnispyramide

Auf der untersten Hierarchiestufe dieser Pyramide befinden sich die physiologischen Grundbedürfnisse, bei denen das rein biologische Überleben im Vordergrund steht. Um deren Befriedigung sicherzustellen, muss sich der Mensch seine Umgebung entsprechend einrichten, indem er für Nahrung und Unterkunft sorgt. Auf der nächsthöheren Ebene folgen Sicherheitsbedürfnisse. Hier geht es neben dem Schutz und Vorsorge vor negativen Einflüssen wie Krankheit und Armut um Ordnung und geregelte Verhältnisse, auf die sich der Einzelne verlassen kann (gesichertes Einkommen, gesicherter Arbeitsplatz). Anschließend kommen soziale Zugehörigkeitsbedürfnisse. Hier suchen Menschen ihren Platz in der sozialen Gemeinschaft (Belonging Needs wie Akzeptanz und Geselligkeit). Darüber hinaus geht es um gefühlsbetonte Kontakte mit anderen Menschen (Love Needs wie Freundschaft und Liebe). Auf der nächsten Stufe folgen Geltungs- bzw. Wertschätzungsbedürfnisse: Es wird die Anerkennung durch andere Menschen gesucht, im Sinn von Status und positivem Feedback. Auf der höchsten Hierarchiestufe stehen Selbstverwirklichungsbedürfnisse, bei denen die Verwirklichung des gesamten Potenzials einer Person im Mittelpunkt steht.
Nach Maslows Bedürfnispyramide machen unbefriedigte Bedürfnisse die eigentliche Triebfeder menschlichen Handelns aus. Dabei beherrschen die Bedürfnisse auf der jeweils unteren Ebene der Hierarchie die Motiva-

tion eines Menschen so lange, wie sie unbefriedigt bleiben. Sind sie jedoch befriedigt worden, so beschäftigen die nächsthöheren Bedürfnisse die Aufmerksamkeit und die Bestrebungen der Menschen. Nach Maslows Logik treibt das Bedürfnis nach Verwirklichung aller Bedürfniskategorien die Menschen immer weiter an: Können die ersten vier Bedürfnisse gestillt werden (Deficit Motivation), so wächst das Bedürfnis nach Selbstverwirklichung immer weiter (Growth Motivation).
Die Maslow'sche Hauptthese, dass eine Bedürfniskategorie erst dann Befriedigungsversuche erfährt, wenn die Bedürfnisse auf der vorhergehenden Hierarchiestufe befriedigt worden sind, hat massive Kritik erfahren. Sie würde beispielsweise durch einen der Selbstverwirklichung zustrebenden und zugleich auf Sicherheiten verzichtenden Künstler falsifiziert. Auch wurde kritisiert, dass die Pyramide von Maslow keinen Aufschluss über das Zustandekommen individueller Unterschiede geben könne. Diese Kritik ist sicher berechtigt. Gleichwohl ist der Bedürfnispyramide zugute zu halten, dass sie einen durchaus erhellenden Einblick in die Bedürfnisstruktur und Motivation menschlichen Handelns gibt.

2.1.2 Bedarf und Nachfrage

Bedarf nennt man mit Kaufkraft bewertete Bedürfniskonkretisierungen. Wenn das Bedürfnis Hunger oder Leselust ist, meint Bedarf eben ein bestimmtes Essen oder ein Buch. Mit welchem Adjektiv Bedarf auch immer geschmückt wird („dringend", „vorrangig", „erforderlich" usw.): Der Begriff Bedarf sagt nicht viel über die tatsächliche Intensität eines Bedürfnisses aus.
Etwas zuverlässigere Informationen über die Bedürfnisintensität bekommt man über die auf dem Markt in Erscheinung tretende Nachfrage, wenn der Bedarfsträger dort das Gewünschte mit seinem Einkommen bewertet und verlangt. Die Nachfrage ist die Menge, die der Käufer zu einem bestimmten Preis zu kaufen bereit ist (vgl. 4.1.1). Allerdings wird nur ein Teil des Bedarfs (potenzielle Nachfrage) tatsächlich marktrelevant. Die Bedarfsdeckung (durch private Anbieter) erfolgt nämlich entlang des erwerbswirtschaftlichen Prinzips des Gewinnstrebens. Aus betriebswirtschaftlicher Sicht ist eine Bereitstellung von Gütern nur dort sinnvoll, wo ein mit Kaufkraft ausgestattetes Bedürfnis als Nachfrage auftritt (effektive Nachfrage). Dies ist in der Regel der Fall bei privaten Gütern. Bei diesen kann das Ausschlussprinzip der Preise zur Anwendung gebracht, also derjenige von der Nutzung des Guts ausgeschlossen werden, der nicht bereit ist, sich an den Kosten der Bereitstellung eines Guts zu beteiligen. Und weil dies so ist, finden sich im Marktsystem Anbieter für private Güter, für welche die Nachfrager bereit sind, einen Marktpreis oberhalb der Produktionskosten der Anbieter zu entrichten.

Im Gegensatz dazu stehen Kollektivgüter bzw. öffentliche Güter, auf die das Ausschlussprinzip der Preise keine Anwendung finden kann und die nicht teilbar (in „Portionen") angeboten werden können. Da über den Preismechanismus niemand von der Nutzung eines öffentlichen Guts (z. B. saubere Luft) ausgeschlossen werden kann, besteht der systematische Anreiz, eine Trittbrettfahrerposition einzunehmen, also das Gut zu nutzen, ohne sich an den Kosten der Bereitstellung oder Erhaltung zu beteiligen (vgl. 2.2.3). Die Deckung des Bedarfs an Kollektivgütern zur Grundversorgung der Gesellschaft (öffentliche Güter) muss daher von kollektiven Instanzen übernommen werden, weil in diesem Bereich der Marktmechanismus versagt.

2.1.3 Nutzen

Nutzen ist das zentrale Maß für die Bedürfnisbefriedigung, die ein Individuum aus dem Konsum eines Guts zieht. Maßgebend hierfür ist allein die Einschätzung des Einzelnen hinsichtlich der Eignung eines Guts zur Befriedigung eines subjektiven Bedürfnisses. Die Existenz einer objektiven Messbarkeit des Nutzens kann verneint werden.
Nach der subjektiven Wertlehre ist der Nutzen die Grundlage des wirtschaftlichen Güterwerts. Der Wert eines Guts hängt von jenem Nutzen ab, den die letzte Einheit eines konsumierten bzw. verwendeten Guts stiftet, dem so genannten Grenznutzen. Wie sich nun der Grenznutzen in Abhängigkeit von der konsumierten Menge verhält, wird durch das auf den deutschen Ökonomen Hermann Heinrich von Gossen (1810-1858) zurückgehende Gesetz vom abnehmenden Grenznutzen beschrieben: Demnach ist der Nutzenzuwachs jeweils bei der ersten konsumierten Einheit am größten und nimmt danach beständig ab. Anders formuliert: Der Grenznutzen eines Guts verringert sich mit zunehmend zur Verfügung stehender bzw. konsumierter Menge des Guts ständig (Erstes Gossen'sches Gesetz). Insbesondere für Nahrungsmittel ist plausibel, dass der Nutzenzuwachs schließlich 0 wird und danach sogar negative Werte annimmt. So hat zum Beispiel Wasser für den Durstigen einen ziemlich hohen Grenznutzenwert, der sich aber schon nach der ersten Stillung des Trinkbedürfnisses rasch verringert. Trifft man sich mit Skatfreunden in einem Lokal und trinkt Bier, so nimmt der Nutzen mit jedem bestellten Glas Bier immer weiter ab, bis man letzten Endes beim besten Willen keinen Schluck Bier mehr herunterbekommt. Man spricht bei letztgenannter Menge von der Sättigungsmenge, ab welcher der Grenznutzen negativ wird.
Nehmen wir an, dass ein Haushalt versucht, mit den ihm gegebenen Mitteln (Einkommen) ein Maximum an Bedürfnisbefriedigung – das so genannte Haushaltsoptimum – zu erreichen: Dann handelt der Haushalt so,

dass er seinen Gesamtnutzen maximiert. Dies ist der Fall, wenn der Nutzen der letzten ausgegebenen Geldeinheit (Grenznutzen) für alle Verwendungsarten gleich groß ist (Zweites Gossen'sches Gesetz), d. h., wenn ein Stück Brot, das er mit seiner letzten Geldeinheit kauft, seine Bedürfnisse ebenso befriedigen würde (den gleichen Nutzen bringt) wie ein mit demselben Betrag erworbenes Stück Wurst.

Herrmann Heinrich von Gossen (1810-1858)

Erstes Gossen'sches Gesetz	**Zweites Gossen'sches Gesetz**
Der Grenznutzen eines Guts verringert sich mit zunehmend zur Verfügung stehender bzw. konsumierter Menge des Guts ständig.	Der Haushalt maximiert seinen Gesamtnutzen, wenn der Nutzen der letzten ausgegebenen Geldeinheit (Grenznutzen) für alle Verwendungsarten gleich groß ist.

Abb. 2.1.3_1: Gossen'sche Gesetze

Nach der Haushaltsproduktionstheorie wird der Zusammenhang zwischen Marktgütern und Nutzen differenziert. Der Grundgedanke bei dieser Theorie ist, dass der Haushalt aus der Verwendung und nicht aus dem Besitz von Gütern Nutzen zieht: Der Haushalt erwirbt auf dem Markt Güter (wie z. B. Strom, CD-Player und CDs), um sie zur Erstellung von konsumierbaren Leistungen (wie z. B. Musik) einzusetzen. Dementsprechend werden diejenigen Güter, die dem Haushalt letztlich Nutzen stiften, unter Aufwendung von Zeit und Humankapital sowie der Nutzung von Gütern, die am Markt gekauft werden, von ihm selbst erstellt.
Aufgabe: Nehmen wir an, man könne den Nutzen U, den ein Individuum A aus dem Konsum von Bier B zieht, in folgender Nutzenfunktion wiederfinden:

$$U(B) = B - 0{,}1\,B^2$$

Die Einheiten B sollen in kleinen 0,2-Liter-Gläsern gemessen werden. Stellen Sie eine Tabelle auf, die angibt, wie sich der Nutzen und der Grenznutzen (Veränderung des Nutzens durch eine weitere konsumierte Menge von Bier) für unterschiedliche Mengen an Bier von 0 bis 12 Gläsern für A entwickelt. Für welche Trinkmenge entscheidet sich A, wenn er seinen Nutzen maximieren möchte? Welcher Zusammenhang existiert zwischen der sukzessiven Ausdehnung des Bierkonsums bis zum optimalen Bierkonsum und dem jeweiligen Nutzenzuwachs? Ab welchem Punkt ist die Sättigungsmenge erreicht? Was passiert ab hier mit dem Grenznutzen?

2.2 Das universale Gesetz der Knappheit

Unterkapitel 2.2 diskutiert das universale Gesetz der Knappheit. Zentrales Erkenntnisziel hierbei ist die Problematik und die Ubiquität von Knappheit erkennen zu können, der menschliches Leben unabänderbar unterworfen ist. Lernziel ist es, das auf Knappheit und Knappheitsfolgen bzw. Opportunitätskosten basierende ökonomische Denkprinzip kennen zu lernen und für dessen Fruchtbarkeit bei der Anwendung auf viele gesellschaftliche Gegenstandsbereiche zu sensibilisieren. Diese Fruchtbarkeit soll aber keinen ökonomischen Imperialismus in dem Sinn implizieren, dass soziale und gesellschaftliche als ökonomische Probleme umgedeutet werden. Vielmehr soll verdeutlicht werden, dass viele gesellschaftliche Sachverhalte, die sich etwa um Macht, Klugheit, saubere Umwelt drehen, auch eine ökonomische Problemdimension besitzen, nämlich sobald es um die Frage geht, wie mit knappen Ressourcen umgegangen wird und umgegangen werden sollte. Allein bei der Bearbeitung dieser Frage bietet sich die Ökonomie (als Lehre vom Umgang mit knappen Ressourcen) an, sodass hinreichend Relevanz anderer Fachdisziplinen verbleibt.
Schließlich können die Zusammenhänge zwischen Markt- und Knappheitspreisen thematisiert werden. Ein zentrales Lernziel sind der Sinn und Zweck der Grundidee wettbewerblich organisierter Märkte, nämlich dass Markt- und Knappheitspreise zusammenfallen. Ein weiteres Lernziel besteht darin, die Bedingungen für das Auseinanderfallen von Markt- und Knappheitspreisen zu kennen und hieraus die Notwendigkeit für staatliche Eingriffe zur Korrektur bzw. Verbesserung des Marktmechanismus ableiten zu können.

2.2.1 Knappheit und Knappheitsfolgen

Knappheit im umgangssprachlichen Sinn bedeutet, dass etwas nicht in ausreichender Menge zur Verfügung steht, um einen Bedarf zu decken. Ökonomisch formuliert herrscht Knappheit, wenn mit den vorhandenen Ressourcen nicht alle existenten Bedürfnisse befriedigt werden können. Bei Ressourcen handelt es sich um materielle und immaterielle Güter zu Produktions- und Konsumzwecken, aber auch um persönliche Fähigkeiten, Wissen und Zeit.
Nun ist Knappheit in individueller Perspektive immer mit dem Verzicht auf bestimmte Entscheidungsalternativen verbunden: Angenommen, man hat an einem Wochenende die Möglichkeit, ein Musikkonzert oder ein Theaterstück zu besuchen; die Ressourcen (Zeit, vielleicht auch das Geld) reichen aber nicht aus, beide Handlungsalternativen zu realisieren. Die Knappheitsbedingungen werden spürbar. Weitere Beispiele verdeutlichen, dass Knappheit allgegenwärtig ist: Der Autokauf von Herr Frisch

führt zugleich zu seinem finanziell bedingten (temporären) Urlaubsverzicht, die Software-Anschaffung der Firma CLIO bedeutet einen Verzicht auf Weiterentwicklung eines eigenen EDV-Systems, Frau Heines Heirat mit dem Bibliothekar zieht einen Verzicht auf die Heiratsanträge des viel versprechenden Nachwuchssängers sowie des Amateurboxers nach sich. Man kann sagen, dass menschliches Leben unter der „Bedingung universaler Knappheit“ (Homann 1988, 53) steht.
In der bislang diskutierten individuellen, entscheidungsorientierten Perspektive lässt sich der mit Knappheit unabdingbar verknüpfte Verzicht mit dem Begriff Alternativ- bzw. Opportunitätskosten fassen: Opportunitätskosten entsprechen dem Nutzenentgang der zweitbesten – unter Knappheitsbedingungen nicht mehr realisierbaren – Alternative. Wenn Frau Heine sich nach längerem Überlegen für den soliden Bibliothekar entschieden hat, liegen ihre Kosten im Verzicht auf den gleichfalls anziehenden Nachwuchssänger. Der Amateurboxer bleibt im Kostenkalkül außer Acht, da er (aus Sicht Frau Heines) allenfalls die drittbeste Möglichkeit darstellt.
Nun verursacht ein Individuum in sozialen Handlungszusammenhängen nicht nur Kosten bei sich selbst, sondern auch bei anderen Individuen: Jeder Nutzer eines knappen Guts (seien es Nahrungsmittel, Eintrittskarten oder heiratswillige Männer) entzieht dieses Gut einem anderen potenziellen Nutzer. Jener verursacht damit Knappheitsfolgen in Form ungestillter Bedürfnisse bei diesem. Diese Knappheitsfolgen, oder anders formuliert: Diese Knappheitspreise, also die nicht gestillten Bedürfnisse, die man bei der Nutzung eines Guts unbekannten Dritten aufbürdet, sind schwierig zu erfassen, da sie subjektiv und zudem äußerst wandelbar sind. Es bedarf also eines Informationssystems, welches die Nutzer über die von ihnen verursachten Knappheitsfolgen informiert. Und es bedarf eines Koordinationssystems, welches die sich aus den Knappheitsfolgen resultierenden Interessenkonflikte koordiniert.

Abb. 2.2.1_1: Aufgabenfelder des Wirtschaftens

2.2.2 Knappheit und Koordination

Viele Interessenkonflikte speisen sich aus konfligierenden Ressourcenansprüchen. Eine zentrale Ursache hierfür ist die universale Knappheit von Ressourcen. Gäbe es keine Knappheit, gäbe es kaum Interessenkonflikte. Wären etwa eine schier unendliche und beliebig vermehrbare Menge von Eintrittskarten für das Fußballspiel vorhanden, bestünde kein Grund zu versuchen, die Nutzerkonkurrenz mit dem Gebot vierstelliger Geldbeträge und/oder mit der Androhung physischer Sanktionen auszustechen.
Unter der Bedingung universaler Knappheit allerdings resultiert aus der Realisation konkreter Bedürfnisbefriedigungsmöglichkeiten eine Inanspruchnahme knapper Ressourcen und deren (weitere) Verknappung.

Nutzer von Ressourcen entziehen anderen Individuen Nutzungsmöglichkeiten. Aus diesem Sachverhalt heraus entwickeln sich ubiquitäre Konfliktsituationen. Wie lassen sich solche Konfliktsituationen entschärfen bzw. koordinieren?
An eine vollständige Ausräumung von Interessenkonflikten ist nicht zu denken. Die universale Ressourcenknappheit lässt sich zwar mindern, aber nicht beseitigen. Eine gewisse antagonistische Beziehung zwischen individuellen Interessen bleibt unaufhebbar. Insofern kann es nur darum gehen, entgegenstehende Einzelinteressen durch kollektive Regelungen für Knappheitskonflikte zu koordinieren. Diese Regelungen sind äußerst mannigfaltig: Sie umfassen archaisch anmutende Verfahren zur interpersonellen Aufteilung knapper Ressourcen wie das Prinzip der Stärke oder das Windhundverfahren („Wer zuerst kommt, mahlt zuerst."). Weitere denkbare Koordinationsregeln sind das Losverfahren, die Bürokratie, politische Eliten und – last but not least – preislich geregelte Märkte. Letztere gelten als besonders effiziente Koordinationsverfahren, weil sie über tatsächlich herrschende Knappheit recht verlässliche Auskunft geben. Dies gilt aber nur unter der Voraussetzung, dass sich Markt- und Knappheitspreise entsprechen.

2.2.3 Markt- und Knappheitspreise

In der Marktwirtschaft gilt als Maß für die Intensität der Bedürfnisse die Bereitschaft, für deren Befriedigung Kaufkraft zu opfern. Der Grundidee der Marktwirtschaft entspricht dabei, dass Marktpreise und Knappheitspreise zusammenfallen. Der Marktpreis, der sich aus dem Zusammenspiel von Angebot und Nachfrage ergibt, zeigt dann die Bewertung eines Guts durch die Nachfrager (dazu eingehend Kapitel 4). Er zeigt zugleich die Bewertung des Verzichts, der denjenigen trifft, dem durch einen anderen die Beanspruchung eines Guts entzogen worden ist – also die Bewertung des unbefriedigten Bedürfnisses.
Denn wenn die Wertschätzung dieses Bedürfnisses steigt, steigen in der Regel auch die Preise der entsprechenden Güter. Somit wirkt sich jede Verknappung in steigenden Knappheitspreisen und damit in steigenden Marktpreisen aus. Gestiegene Preise signalisieren Anbietern Chancen bei einer Angebotsausdehnung. Diese werden sie wahrzunehmen suchen. Obwohl mit steigendem Angebot Preissenkungstendenzen einhergehen, sorgen in einem marktwirtschaftlich organisierten System wettbewerbliche Märkte dafür, dass eine solche Angebotsausdehnung zustande kommt. Denn wenn sich Anbieter weigern mitzuziehen, müssen sie mit Gewinneinbußen rechnen, vielleicht sogar ganz aus dem Markt ausscheiden. Insofern beinhaltet jede Verknappung, sofern sie sich in Knappheitspreisen ausdrücken kann, Tendenzen zur Entknappung.

Ein zentrales Problem besteht nun darin, dass für eine Reihe von Gütern der Markt- und Wettbewerbsmechanismus nicht funktioniert. Die faktische Knappheit eines Guts wird nämlich nicht durch den Markt reflektiert, wenn dieses Gut den Charakter eines öffentlichen Guts besitzt. Diese Güter unterscheiden sich von privaten Gütern dadurch, dass der Konsum nicht rivalisiert und dass das Ausschlussprinzip nicht zur Anwendung gebracht werden kann. Ersteres meint, dass durch den Konsum eines öffentlichen Guts wie z. B. die Nutzung eines Deichs durch ein Individuum der Konsum eines anderen Individuums nicht beeinträchtigt wird. Zweitens sind öffentliche Güter dadurch charakterisiert, dass auf sie das Ausschlussprinzip keine Anwendung finden kann, d. h. dass sie (weit gehend) kostenlos genutzt werden können, ohne dass sich der Nutzer an den Kosten ihrer Bereitstellung beteiligen muss. Bei privaten Gütern – dem Gegenstück zu öffentlichen Gütern – ist dies anders: Jede Person, die nicht bereit ist, den Marktpreis für z. B. ein Kleidungsstück zu bezahlen, wird vom Konsum eben dieses Kleidungsstücks ausgeschlossen. Weil dies so ist, finden sich Anbieter von privaten Gütern, wenn die Nachfrager bereit sind, einen Marktpreis oberhalb der Produktionskosten der Anbieter zu entrichten.

Demgegenüber ist bei öffentlichen Gütern nicht zu erwarten, dass sich Anbieter finden. Denn hier kann man nicht davon ausgehen, dass die Nachfrager ihre wahren Bedürfnisse offenbaren und einen kostendeckenden Preis für das angebotene Gut bezahlen. Vielmehr besteht für jeden Konsumenten ein systematischer Anreiz, von sich aus an den öffentlichen Gütern mitzuprofitieren, die Kosten für deren Bereitstellung aber zu meiden – in der Erwartung, dass diese Güter auch ohne seinen jeweiligen (ohnehin geringen) Beitrag zu Stande kommt. Dies ist die Attraktivität der Trittbrettfahrerposition, die verhindert, dass Marktpreise entstehen.

Die Folge: Marktpreise – bei privaten Gütern Lenkungssignale für Produzenten und Konsumenten – und Knappheitspreise fallen bei den öffentlichen Gütern auseinander. Der Markt ist von sich aus nicht in der Lage, die tatsächliche Knappheit widerzuspiegeln. Der Marktpreis für öffentliche Güter beträgt 0. Da potenzielle Anbieter unter diesen Bedingungen nicht davon ausgehen können, einen kostendeckenden Preis für ihr Angebot zu erhalten, finden sich keine Anbieter auf dem Markt, die öffentliche Güter anbieten. Um hier die Funktionsfähigkeit des Marktes herzustellen bzw. zu verbessern, muss der Staat eingreifen.

Ebenfalls verzerrt sind die Marktpreise bei externen Effekten. Externe Effekte sind vertraglich nicht geregelte Auswirkungen des Verhaltens eines Akteurs auf die Handlungsmöglichkeiten eines Dritten, ohne dass diese in die Kalkulation des handelnden Subjekts eingehen. Denkbar sind positive und negative externe Effekte. Beschränkt man sich hier auf die Problematik von letzteren, lässt sich sagen, dass bei negativen externen Effekten (= externe Kosten) unbeteiligten Dritten ein Schaden zugefügt wird, ohne dass dieser vom Verursacher wieder gutgemacht, kompensiert oder entschädigt wird. So werden beispielsweise dem emittierenden Unternehmen (oder dem Autofahrer) die von ihm verursachten Boden- und Gewässerbelastungen ebenso wenig angelastet wie die Lärmbelästigungen, die er Dritten aufbürdet. Bei der Existenz externer Kosten finden die tatsächlichen Knappheitspreise im einzelwirtschaftlichen Kalkül nur unzureichende Berücksichtigung. Die Folge ist, dass dem Urheber ein Teil der tatsächlich anfallenden Kosten erspart bleibt, wodurch ein entsprechendes Handeln für ihn lohnend erscheint, wohingegen andere Akteure durch eben dieses Handeln Kosten (z. B. Gesundheitsschädigungen) aufgebürdet bekommen, die nicht abgegolten werden.

Negative externe Effekte führen dementsprechend dazu, dass unerwünschte Verhaltensweisen zu kostengünstig möglich sind und daher in zu großem Umfang praktiziert werden, weil die Marktpreise die tatsächlichen Knappheitspreise nicht reflektieren. Diese unerwünschten Verhaltensweisen sind das Ergebnis falscher Lenkungssignale, an denen die Haushalte und Unternehmen ihr Verhalten ausrichten. Auch hier ist der Staat gefordert, für institutionelle Regelungen zu sorgen, welche externe Effekte internalisieren, damit sich Markt- und Knappheitspreise entsprechen.

3 Verhaltenstheoretische Grundlagen

3.1 Säulen der ökonomischen Verhaltenstheorie

Mit ihrer verhaltenswissenschaftlichen Orientierung unterscheidet sich die Ökonomik von den übrigen Sozialwissenschaften nicht (mehr) durch den Gegenstand ihrer Analyse. So spielen etwa die „traditionellen" wirtschaftswissenschaftlichen Problembereiche „Private Haushalte" sowie „Verbraucher" auch in neueren soziologischen, psychologischen, ethischen und politischen Forschungsansätzen eine bedeutende Rolle. Umgekehrt weitet die moderne verhaltenswissenschaftlich orientierte Ökonomik ihr Forschungsinteresse auf traditionell außerhalb der ökonomischen Gegenstandsbereiche liegende Gebiete aus. Als Beispiel seien hier die Analyse der Organisierbarkeit von Interessen (Politische Ökonomie der Interessengruppen) und Hypothesen über das Zustandekommen politischer Entscheidungen (Neue Politische Ökonomie) genannt (Franke 1996; Kirsch 1997).

Das Abgrenzungskriterium zu anderen Wissenschaften stellt damit nicht der untersuchte bzw. zu untersuchende Gegenstandsbereich, sondern vielmehr der methodologische Ansatz dar. Eine, wenn nicht die zentrale Methodologie der modernen Ökonomik existiert in Form der ökonomischen Verhaltenstheorie. In diesem Unterkapitel sollen nun die Säulen dieser Theorie entwickelt und in ihrer Relevanz für den Privaten Haushalt in der modernen Gesellschaft diskutiert werden.

Lernziel dieses Unterkapitels ist es, das ökonomische Verhaltensmodell in seinen Grundannahmen kennen zu lernen. Dies sind der methodologische Individualismus und die Typisierung, die verhaltensbeeinflussenden Variablen, die Motivationsstruktur individueller Handlungen sowie die Annahme über das Vorgehen bei der Auswahl der zur Verfügung stehenden Handlungsalternativen (Rationalität). Mit der recht ausführlichen Beschreibung dieser grundlegenden Säulen soll deutlich werden, dass die Ökonomik keinen nutzenmaximierenden homo oeconomicus im Einzelfall fordert oder fördert. Es soll vielmehr zu erkennen sein, dass es der modernen Ökonomik darum geht, die allgemeinen Muster bzw. Grundzüge des Verhaltens typisierter Individuen unter bestimmten Situationsbedingungen einer Erklärung (und einer Prognose) zugänglich zu machen.

3.1.1 Methodologischer Individualismus und Typisierung

Die zentrale Idee des methodologischen Individualismus lautet: Alle kollektiven und sozialen Erscheinungen sind Äußerungen bzw. Ergebnisse individuellen Handelns. Ausgangspunkt der Erklärung menschlichen Verhaltens ist das Individuum; Aussagen über soziale Strukturen und Prozesse sind demnach ableitbar aus Aussagen über individuelles Verhalten. Nicht „der Haushalt", „die politische Partei" oder „die Verbraucherorganisation" handelt, sondern das einzelne Haushaltsmitglied, der einzelne Politiker oder der einzelne engagierte Konsument. Die Aktivitäten von Gruppen wie Greenpeace oder bestimmten Interessengruppen werden aus dem Verhalten der in den Gruppen engagierten Mitglieder erklärt.

Abb. 3.1.1_1: Methodologischer Individualismus

Die Annahme, dass ohne individuelles Handeln keine kollektiven Tatbestände erklärt werden können, bedeutet nun nicht, dass die Strukturbindung des Handelns keine Rolle spielt oder dass man gar von isolierten abgeschirmten Individuen ausgeht. Es ist nicht unvereinbar mit dem methodologischen Individualismus, dass sich Individuen innerhalb einer Gruppe (eines Kollektivs) anders verhalten, als wenn sie einzeln für sich entscheiden. Die sozialen Handlungsräume bei der Gruppenzugehörigkeit sind anders: Innerhalb einer jeden Gruppe – ob Umweltschutzgruppe oder Verbrecherorganisation – bestehen bestimmte gruppenspezifische Normen. Es wird erwartet, dass sich die Gruppenmitglieder an diesen Normen orientieren. Jeder Akteur weiß, dass er die Vorteilhaftigkeit einer

Gruppenmitgliedschaft in Anspruch nehmen kann, wenn er die entsprechenden Regeln nicht bricht. Falls Abweichungen von den Gruppenregeln entdeckt und leicht abgemahnt bzw. bestraft werden können, ist damit zu rechnen, dass sich die Akteure an entsprechende gruppenspezifische Normen halten. Dementsprechend ist die These mit der methodologischen Grundannahme des Individualismus vereinbar, dass der einzelne Mensch bis zu einem gewissen Grad in den für ihn relevanten Interessengruppen geprägt wird. Entscheidend ist allein, dass die Entstehung und der Wandel kollektiver und sozialer Phänomene aus dem Handeln von einzelnen Personen abgeleitet wird.

Zwar tragen nun die individuellen Beiträge (z. B. einzelner Haushaltsmitglieder) in der Regel nur geringfügig zu bestimmten kollektiven Tatbeständen (wie z. B. der Umweltverschmutzung) bei. Im Verbund sind sie allerdings ursächlich für deren Entstehung. Die grundlegende Behauptung des methodologischen Individualismus lässt sich somit wie folgt formulieren: Zum Verständnis sozialer und kollektiver Erscheinungen gibt es keinen besseren Weg als den über das Verständnis des individuellen Handelns. Es geht dabei darum, bestimmte gesellschaftliche Tatbestände („Makrophänomene") auf individuelles Verhalten (die „Mikroebene") zurückzuführen. Wie etwa die gesellschaftliche bzw. gesamtwirtschaftliche Nachfrage nach einem Gut aussieht, lässt sich am besten durch Bezug auf individuelles Verhalten klären.

Das ökonomische Verhaltenskonzept intendiert dabei nicht, das menschliche Leben mit all seinen Facetten zu beschreiben. Anders als bei (individual-)psychologischen Ansätzen steht nicht die konkrete Verhaltensausprägung eines jeden Individuums, nicht die Individualität der Individuen, nicht die tatsächlichen beobachtbaren Handlungen einzelner gesellschaftlicher Akteure im Mittelpunkt des Interesses. Die Erklärungen und Prognosen der ökonomischen Verhaltenstheorie enthalten keine Aussagen über konkrete Individuen und über ihr spezifisches Handeln in spezifischen Situationen. Der Individualismus als Methode begnügt sich vielmehr mit einer generalisierenden Erklärung und Prognose des Verhaltens des typisierten bzw. typischen (durchschnittlichen) Individuums unter bestimmten Situationsbedingungen. Damit erspart sich die Theorie das Problem einer umfassenden Informationsgewinnung über spezifische individuelle Handlungssituationen.

Der Vorzug einer solchen Mustererklärung kann darin gesehen werden, dass man auch ohne Informationen über konkrete Handlungssituationen auskommt. Bei den ökonomischen Verhaltenskonzepten stehen keine Erklärungen spezifischer individueller Verhaltensweisen im Mittelpunkt, sondern vielmehr Erklärungen bestimmter Makrophänomene. Diese werden als aggregierte Resultate von typisierten individuellen Handlungen unter bestimmten Situationsbedingungen interpretiert. Insofern dient das ökonomische Verhaltensmodell der Mikrofundierung von Makrophänomenen. Eine solche Mikrofundierung ist nicht damit zu verwechseln, generelle Sachverhalte aus einzelwirtschaftlich gültigen Entscheidungssituationen abzuleiten. Ein solcher „Trugschluss von Verallgemeinerungen" würde übersehen, dass sich die Anreizbedingungen für individuelles Handeln im überschaubaren sozialen Nahbereich von denen für Handeln in anonymen Handlungskontexten moderner Gesellschaften unterscheiden.

3.1.2 Verhaltensdeterminanten

Verhalten hängt von zwei Variablen ab:

- von den Wünschen, Motiven, Einstellungen und Zielen des Entscheidungsträgers. Man spricht hier von Präferenzen;
- von den Handlungsbeschränkungen und Anreizstrukturen, welche das Individuum bei der Verfolgung seiner Ziele beeinflussen bzw. beschränken. Man spricht hier von Restriktionen.

Zwischen diesen beiden Elementen – den Präferenzen und den Restriktionen – wird im ökonomischen Verhaltensmodell streng unterschieden. Dabei werden die Restriktionen wie relative Preise oder das Realeinkommen als bestimmend für individuelles Verhalten angesehen. Zu diesen Restriktionen sind aber nicht nur finanzielle Handlungsbeschränkungen zu zählen. Auch zeitliche, rechtliche, soziale und physische Handlungsbeschränkungen determinieren den Handlungsspielraum des Individuums.

Veränderungen in menschlichen Verhaltensweisen werden nun auf Veränderungen der Restriktionen zurückgeführt und nicht auf die unterschiedlichen Ziele und Motive der Individuen. Zwei Argumente – ein methodologisches und ein empirisches – können für die Annahme stabiler bzw. konstanter Präferenzen genannt werden. Das methodologische Argument betont den Vorteil, dass sich Restriktionsänderungen wie relative Preisänderungen oder Änderungen des Realeinkommens besser operationalisieren und überprüfen lassen als Änderungen der Präferenzen. So kann man eine Benzinpreiserhöhung relativ leicht empirisch ermitteln. Präferenzänderungen hingegen – wie ein Wertewandel zu Ungunsten des Automobils – sind höchst schwierig erfassbar. Da sich Präferenzen nicht unabhängig von den Handlungen erfassen lassen, kann im Zweifel jede beliebige Änderung von Verhalten mit dem Hinweis auf Präferenzänderungen ad hoc erklärt werden. Insofern bietet die Annahme stabiler Präferenzen eine feste Grundlage, theoretische Hypothesen zu entwickeln und diese empirisch zu testen.

Das empirische Argument für die Ausklammerung der individuellen Handlungsmotive geht auf eine Plausibilitätsüberlegung zurück: Es lässt sich vermuten, dass sich individuelle Präferenzen intertemporal und interper-

sonell mit zunehmendem Abstraktionsgrad aneinander annähern. Je allgemeiner man den Präferenzbegriff fasst, desto wahrscheinlicher wird es, dass unterschiedliche Individuen dieselben Präferenzen aufweisen, und desto plausibler wird es, im Zeitablauf unveränderbare Präferenzen zu unterstellen: „Die als stabil vorausgesetzten Präferenzen beziehen sich nicht auf Güter und Dienstleistungen wie Orangen, Autos oder Gesundheitsdienste. Diese tieferliegenden Präferenzen beziehen sich auf grundlegende Aspekte des Lebens wie Gesundheit, Prestige, Sinnfreude, Wohlwollen oder Neid." (Becker 1993, 4).
Die bei der Annahme stabiler Präferenzen jeweils relevante Handlungsrestriktion, welche individuelles Verhalten bestimmt, wird nun maßgeblich durch die jeweils geltenden institutionellen Rahmenbedingungen beeinflusst. Dabei bestimmt die Art der Institutionen das Ausmaß der individuellen Beschränkung. So existieren Institutionen, deren Befolgung von einem Individuum mit einem relativ großen verbleibenden Handlungsspielraum möglich ist (z. B. geschriebene Verfassungen oder einfache Gesetze) als auch Institutionen mit konkreten Verhaltensvorschriften, die im Einzelfall mit Zwang (mit einem verbleibenden Handlungsspielraum von 0) einhergehen (z. B. spezielle Verordnungen).

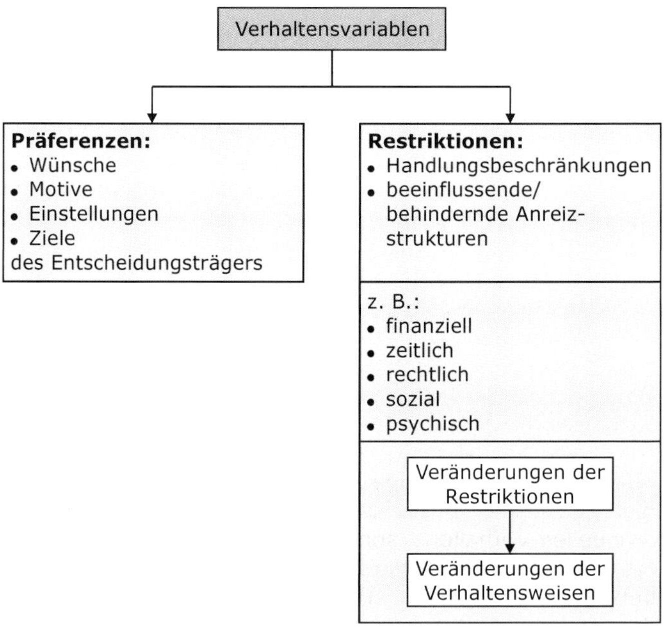

Abb. 3.1.2_1: Verhaltensdeterminanten

Durch die Trennung von Restriktionen und Präferenzen im ökonomischen Verhaltensmodell können also Schlussfolgerungen über menschliches Verhalten im Geltungsbereich sanktionsbehafteter Institutionen abgeleitet werden können. Insofern operationalisiert sich die Anwendung des ökonomischen Verhaltensmodells in der Analyse von verhaltenskanalisierenden Wirkungen von Institutionen. Dies geschieht, ohne dass unterschiedliche Präferenzen, Werte und Weltbilder der Menschen Berücksichtigung finden (müssen). Man muss also nicht erst in eine Auseinandersetzung um Menschenbilder eintreten, wenn man die handlungskanalisierenden Wirkungen von Institutionen untersucht.

3.1.3 Eigennutzaxiom

Das ökonomische Verhaltensmodell unterstellt, dass die Individuen vom Eigeninteresse gesteuert werden und sie dabei ihren Nutzen zu erhöhen suchen (Eigennutzaxiom). Dabei wird auf eine utilitaristische Überlegung zurückgegriffen, dass das Einzige, was um seiner selbst gewünscht werde, letztlich immer etwas wie Befriedigung, Wohlbefinden, Glück oder Ähnliches darstellt – etwas, was sich allgemein mit Nutzen bezeichnen lässt.

Nutzen beschränkt sich dementsprechend nicht auf Güternutzen, auf Gewinn oder auf mit Marktpreisen bewertete Güter und Dienstleistungen. Es kann vielmehr Werte wie Ansehen, Macht, Respekt, Wissen sowie Streben nach Anerkennung und Zuneigung enthalten. Worin der Nutzen im Einzelnen besteht, wird in den individuellen Handlungszielen festgelegt, weshalb dieser Ansatz als subjektivistisch bezeichnet werden kann. Die Handlungsziele sind dafür offen, dass auch die Interessen anderer Personen Berücksichtigung finden. Das Streben nach individueller Nutzenerhöhung sagt nichts darüber aus, inwiefern die Interessen anderer Personen (positiv oder negativ) tangiert werden. So zeigt sich, dass unter bestimmten Voraussetzungen rein egoistische Akteure motiviert sein werden, sich altruistisch zu verhalten, wenn Altruismus sich auszahlt.

Eigennutzenerhöhendes Verhalten kann je nach situativem Kontext und Betrachtungsweise verschiedene Formen annehmen, welche als egoistisch oder altruistisch bewertet werden können. Eigeninteresse bezieht sich auf das situationsabhängige Verhalten und nicht auf die situationsunabhängige egoistische Einstellung. Egoismus und Altruismus sind keine Ziele individuellen Verhaltens, sondern Eigenschaften, welche die Gesellschaftsmitglieder solchem Verhalten zuschreiben. Die Annahme individuellen Strebens nach Eigennutzerhöhung ist also nicht zwangsläufig mit der Beeinträchtigung Dritter gleichzusetzen. In jedem Fall wird aber ausgeschlossen, dass Individuen dauerhaft solche Entscheidungen treffen, die einer Erhöhung oder Sicherung des individuellen Nutzens zuwiderlaufen.

3.1.4 Rationalität und (Opportunitäts-)Kosten

Rationalität bezieht sich nicht auf die Ziele individuellen Handelns, sondern auf die Art und Weise, wie Menschen beim Handeln vorgehen. Das ökonomische Verhaltensmodell unterstellt, dass Menschen rational bewerten und handeln. Rationale Bewertung bedeutet, dass Individuen aus der Menge der ihnen gegebenen Handlungsmöglichkeiten solche bevorzugen, welche ihre jeweiligen Ziele in höherem Grade verwirklichen. Rationales Handeln besagt, dass die individuellen Akteure aus der Menge der realisierbaren Handlungsalternativen systematisch jene auswählen, deren Implikationen einen höheren erreichbaren Zielrealisierungsgrad aufweisen. Die Rationalitätsannahme kann daher so gefasst werden, dass Menschen diejenige Entscheidung treffen, die ihren subjektiven Präferenzen am besten entspricht.
Wenn Menschen rational handeln, werden sie ihre subjektiv bewerteten (Opportunitäts-) Kosten möglichst gering halten. Opportunitäts- oder auch Alternativkosten sind der (bei gegebenen knappen Ressourcen) unvermeidbare (Nutzen-)Verzicht auf die nächstbeste Handlungsalternative. Wer ein bestimmtes Budget dafür verwendet, ins Theater zu gehen, muss in Höhe dieses Budgets auf den Kauf anderer Güter verzichten. Wer sein freies Wochenende dafür nutzt, nach Paris zu fliegen, kann (allein aus Zeitknappheit) nicht zugleich nach München fahren. Diese Entscheidung ist rational, wenn die Opportunitätskosten – d. h. der Nutzenentgang des nicht realisierten München-Besuchs – geringer eingeschätzt werden als dies bei einer umgekehrten Entscheidung der Fall wäre (siehe 2.2.1, Knappheit und Knappheitsfolgen).
Diese Verhaltensannahme individueller Rationalität besagt nun nicht, dass das Verhalten eines jeden Individuums in jedem Einzelfall kostenminimierend ist. Vielmehr hat sich die Rationalitätsannahme insgesamt – selbst wenn sie im Einzelfall falsifiziert ist – als methodisches Prinzip (Abel 1983, 153) bewährt. Entsprechend dieser Argumentation braucht die Rationalitätsannahme auch dann nicht in Frage gestellt zu werden, wenn eine (vereinzelte) Beobachtung erfolgt, die nicht mit ihr zu vereinbaren ist. Vielmehr kann angenommen werden, dass wesentliche Kosten(-kategorien) zur Erklärung des zu beobachtenden Verhaltens keine Berücksichtigung fanden. Fehler sind demzufolge in der Abschätzung der Kostenspezifizierungen zu suchen. Diese gilt es nun aufzufinden, um menschliches Verhalten im Nachhinein zu erklären. Wenn also eine offensichtlich günstige Gelegenheit wie verbilligte Eintrittskarten für ein Konzert nicht ausgenutzt wird, nimmt der ökonomische Ansatz nicht Zu-

flucht zu der Behauptung, man habe es hier mit irrationalem Verhalten zu tun. Vielmehr nimmt der ökonomische Rationalansatz an, dass es Kosten gibt, die mit der Nutzung dieser Gelegenheiten verbunden sind, z. B. Fahrtkosten oder zeitliche Kosten, die möglicherweise von Außenstehenden nicht so leicht „gesehen“ werden (Becker 1993, 6).

3.1.5 Vollständige Zweckrationalität und begrenzte Verfahrensrationalität

Nun taucht in modernen ausdifferenzierten Gesellschaften regelmäßig das Problem auf, dass man nicht alle relevanten Handlungsalternativen der „Multioptionsgesellschaft“ kennen kann. Zudem sind Informationen über die Qualität bzw. die Konsequenzen von Handlungsalternativen nicht ohne weiteres verfügbar. So erwartet den Konsumenten im modernen Supermarkt ein üppiges und vielfältig differenziertes Angebot. Dessen Qualitätseigenschaften zu durchschauen, überfordert den Konsumenten. Soll er sich beispielsweise, um sich ein Qualitätsurteil über Weine zu bilden, zunächst durch das gesamte Weinregal trinken?

Unter Berücksichtigung kognitiver Informationsverarbeitungsgrenzen und unter Beachtung von Kosten der Informationsbeschaffung und -nutzung treten an die Stelle vollständig rational handelnder Akteure eingeschränkt bzw. begrenzt rational agierende Individuen. Diese beschaffen und verarbeiten die insgesamt vorhandenen Informationen bei der Entdeckung und Bewertung ihrer Handlungsalternativen nur selektiv (Conlisk 1996). Auch dieses Vorgehen ist rational. Da nämlich sowohl die Informationsverarbeitung als auch das Entscheiden Kosten verursacht, ist es durchaus rational, die Tätigkeiten des Informierens und des Entscheidens nicht allzu häufig aufzunehmen, zeitlich zu begrenzen und bestimmte Such- und Auswertungsverfahren (Frames) anzuwenden (Heiner 1983, Lindenberg 1993). Dies entspricht der Verfahrensrationalität, welche die vollständige Zweckrationalität verdrängt. Die Suchverfahren brechen den Problemlösungsprozess ab, sobald eine befriedigende, dem individuell gesetzten Anspruchsniveau genügende Lösung gefunden ist. An die Stelle von Nutzenmaximierung tritt Satisfizierung (Simon 1978). Findet das Individuum nach längerem Suchen keine befriedigende Alternative, senkt es sein Anspruchsniveau und sucht mit seinem Informations- und Entscheidungsverfahren nach einer Handlungsalternative, welche diesem tieferen Niveau genügt.

Insbesondere in komplexen und schlecht durchschaubaren Entscheidungssituationen dürfte die Annahme von begrenzter Verfahrensrationalität fruchtbar sein. Insbesondere hier verursachen sowohl Beschaffung und Auswertung von Informationen als auch das Entscheiden Kosten. Welches Verfahren von den Betroffenen letztlich gewählt wird und wie viel

Informationen welcher Art letztlich eingeholt werden, hängt zum einen von der Höhe der Informationsbeschaffungs- und -auswertungskosten ab. Diese Informationskosten bei der Beurteilung von Handlungsalternativen (etwa bei der Beurteilung von Produktqualitäten vor dem Kauf) bestehen in finanziellen Kosten (für Zeitschriften, Kopien, Telefonate, Beratungsdienste usw.), zeitlichen Aufwendungen (Freizeitverlust), physischem Aufwand (körperliche Unbequemlichkeiten) sowie kognitiven Anstrengungen (Auswahl der relevanten Informationsquellen, Informationsbewältigungs- und Lernprozesse).

Ein anderer zentraler Faktor ist die Höhe der Kosten falscher bzw. suboptimaler Entscheidungen. Falsche Entscheidungen kommen aufgrund falsch gewählter Muster zu Stande. Geht man davon aus, dass Menschen rational handeln, werden die Individuen ihr ursprüngliches Muster korrigieren, wenn die zu erwartenden Verluste aus der möglichen Zielabweichung die voraussichtlichen Kosten eines neuen Entscheidungsverfahrens übersteigen. Dabei wird die Höhe der Kosten falscher Entscheidungen, die auf Grundlage falscher Informationsselektions- und Entscheidungsmuster zu Stande kommen, stark von den situativen Konkurrenzbeziehungen beeinflusst. Je höher der Konkurrenzdruck, desto höher ist der Anreiz zu einer schnellen Korrektur der Fehleinschätzung bezüglich der Entscheidungsstruktur. Daher ist für Entscheidungen auf privat organisierten Wettbewerbsmärkten mit höherer Rationalität zu rechnen als für Entscheidungen auf politischen Märkten.

Unabhängig davon also, ob Zweck- oder Verfahrensrationalität angenommen wird, impliziert Rationalität, dass die Menschen im Durchschnitt und/oder in wiederholten Situationen rational agieren. Dies gilt selbst, wenn sie sich in einmaligen Entscheidungssituationen nicht gemäß der Rationalhypothese verhalten. Menschen sind nach dieser Auffassung lernfähig. Mittel- und langfristig sind sie dazu gezwungen, ihre individuellen Aktivitäten den aus den gegebenen Rahmenbedingungen folgenden Anreizen anzupassen, da sich ein andauerndes Irren als zu kostspielig erweist. Rationale Verhaltensweisen setzen sich deshalb durch, weil der von knappen Ressourcen ausgehende Druck in fast allen Lebensbereichen für das Ausscheiden anderer Verhaltensweisen im evolutorischen Sinn sorgt: Wer als Unternehmer in einem hart umkämpften Wettbewerb ökonomische Handlungsrestriktionen schlichtweg missachtet, wird ebenso schnell Pleite gehen wie der Haushalt, der regelmäßig zu spontanen (und irrationalen) Budgetüberschreitungen neigt. In dieser Interpretation hat sich die Rationalitätsannahme – selbst wenn sie sich für den Einzelfall widerlegen lässt – als mittel- bis langfristig gültige, individualistisch fundierte Erklärung kollektiver Phänomene bewährt.

3.2 Stellung und Bedeutung des homo oeconomicus

Lernziel dieses Unterkapitels ist es, die existierenden und oft erheblichen Vorbehalte gegenüber dem ökonomischen Verhaltensmodell bewerten zu können. Im Zentrum dieser Vorbehalte stehen regelmäßig zwei Kritikpunkte: Zum einen wird geäußert, das ökonomische Verhaltensmodell treffe nicht die Realität und anhand bestimmter mehr oder weniger plausibler Einzelbeispiele wird dieses Modell (scheinbar) widerlegt. Zum anderen hört und liest man häufig die These, das ökonomische Verhaltensmodell sei moralisch verwerflich: In einer Zeit von Globalisierung und Ökonomisierung aller Lebensbereiche fördere es den Vormarsch kalter, egoistischer Permanentkalkulatoren, den Abbau moralischer Werte und Solidarität sowie die Ausbeutung der Armen und Schwachen. Gerade weil diese beiden häufig vorgetragenen Thesen Totschlagsargumente darstellen, die eine weitere rationale Auseinandersetzung mit dem Modell verhindern und damit die Fruchtbarkeit dieses Modells zur Bearbeitung aktueller gesellschaftlicher Probleme nicht zur Anwendung kommen lassen, soll beiden Kritikpunkten begegnet werden.
In Unterkapitel 3.2 soll deutlich werden, dass der homo oeconomicus weder eine Handlungsempfehlung noch eine psychologische Behauptung darstellt, sondern vielmehr ein Instrument, welches dazu anregt, Verhalten auf der Folie ökonomischer und sozialer Handlungsbeschränkungen zu reflektieren. Abschließend soll erläutert werden, warum der homo oeconomicus die Moral nicht verdirbt.

3.2.1 Der homo oeconomicus als Orientierungsmaßstab?

Stellt die dargelegte, den homo oeconomicus modellierende Verhaltenskonzeption nun ein geeignetes Leitbild für den orientierungsbedürftigen Haushalt bzw. Verbraucher in der modernen Gesellschaft dar? Die Antwort lautet: nein. Die ökonomische Verhaltenskonzeption gibt hinsichtlich der Geltung von Werten keine nützlichen Hinweise. Die individuellen Werte, Ziele und Zwecke sind dem Modell exogen vorgegeben. Ob jemand seinen Nutzen durch eine beschauliche Bergwanderung mit seiner Familie maximiert, durch Tontaubenschießen in einem Schützenverein oder durch intensive Vorbereitung auf die nächste Prüfung, spielt für die Geltung dieser Konzeption letztlich keine Rolle. Rational können alle diese Handlungsentscheidungen sein.
Die Unterschiede resultieren aus verschiedenen Präferenzen und dem jeweiligen Zeithorizont. Wer einen kurzen Zeithorizont hat, strebt Luststeigerung auf kurze Sicht an und fragt nicht unmittelbar nach den Folgen, die daraus in der Zukunft für ihn entstehen können. Dies lässt sich insofern als rational modellieren, als diese Person über keinen langen Zeitho-

rizont verfügt. Sie „bezahlt“ den gegenwärtig höheren Genuss mit höheren Berufs- und Einkommensrisiken und vermutlich einem geringeren Nutzen in der Zukunft. Wer hingegen einen langen Zeithorizont hat, verzichtet auf eine Luststeigerung in der Gegenwart, wenn er damit rechnen kann, dass auf diese Weise seine Chancen für künftige Nutzenerhöhung steigen. Diese Person hat eine andere Zeitpräferenzrate.
Welche Handlungsziele man wählt, hängt mit der subjektiven Auffassung von einem sinnvollen Leben zusammen. Das homo oeconomicus-Modell macht nun keine Aussagen darüber, welche Ziele, welche Werte, welche Normen individuell zur Anwendung kommen. Entscheidend ist jedoch die Einsicht, dass niemand sein Leben in einem kulturellen Vakuum entwirft, ohne sich an Vorbildern und gesellschaftlichen Werten und Normen zu orientieren. Der homo oeconomicus kann sich also durchaus an sozialen Normen orientieren. Inwiefern er dies tut, hängt davon ab, wie Normen auf sein Verhalten wirken.

3.2.2 Homo oeconomicus und normorientiertes Verhalten

Prinzipiell sind zwei Einflussarten sozialer Normen auf individuelles Verhalten denkbar (Karpe/Krol 1997):

- Zum einen kann die Normenerfüllung ein eigenständiges Handlungsmotiv der Individuen sein. Die Norm wird Teil der Persönlichkeit. In diesem Sinn sind Normen internalisiert und als intern bindende Verhaltenskodizes bzw. als interne Regeln wirksam. Zu den internen Regeln gehören etwa moralische Normen, soweit auf ihre Einhaltung nicht durch soziale Mechanismen (Sanktionen), sondern durch das eigene Gewissen hingewirkt wird.
- Zum anderen wirken soziale Normen über Restriktionen, da ihre Übertretung von der Gesellschaft bzw. von der entsprechenden Bezugsgruppe geahndet wird. Das Individuum muss im Fall der Nicht-Einhaltung von sozialen Normen damit rechnen, in mehr oder weniger hohem Ausmaß durch Dritte mit Sanktionen bzw. Kosten belastet zu werden. Diese Sanktionen reichen vom „schiefen Angucken“ eines Normabweichlers über besondere Formen der Ehrgerichtsbarkeit bis hin zu Freundschafts-, Solidaritäts- und Vertrauensentzug. Hier kann von gesellschaftlich sanktionierten Verhaltensnormen gesprochen werden.

Wenn Normen als gesellschaftlich sanktionierte Verhaltensregeln wirksam sind, lässt sich die verhaltensprägende Wirkung mit dem ökonomischen Verhaltensmodell aus rationalen Kalkülen erklären.
Dabei gilt, dass

> „solange es keine wesentlichen Gründe gibt, [...] [formlose] Regeln zu brechen, und/oder soweit die Gefahr besteht, dass die Verletzung der Regeln bekannt wird, sich ein rationales Individuum an gesellschaftlich anerkannte Regeln halten wird. [...] Ist das Befolgen der moralischen Normen mit nur geringen Kosten verbunden, werden Abweichungen aber streng kontrolliert und möglicherweise auch streng geahndet, so ist zu erwarten, dass solche Regeln (weitgehend) befolgt werden. Ist dagegen das Befolgen mit hohen Kosten verbunden und ist darüber hinaus die Einhaltung möglicherweise nur schwer oder gar nicht kontrollierbar, so dürften diese Regeln kaum eingehalten werden." (Kirchgässner 2000, 185)

Mit der ökonomischen Verhaltenstheorie kann also die Verhaltenswirksamkeit sozialer Normen eruiert werden. Die Verhaltenswirksamkeit von Normen hängt entscheidend von der Höhe der Kosten für die Ingangsetzung, Beibehaltung und Kontrolle der Normen ab. Diese Kosten sind typischerweise gering, wenn die Zahl der beteiligten Akteure gering ist: Bei wenigen Teilnehmern ist die Wirksamkeit moralischer Sanktionen und damit eine Einhaltung der Normen wahrscheinlich, weil der einzelne Abweichler identifiziert und mit sozialen Kosten wie Entzug von Solidarität und Vertrauen bestraft werden kann.
Dies ändert sich, wenn die Zahl der Beteiligten anwächst und sich der Kontext anonymer darstellt. Dann kann es für den einzelnen Akteur vorteilhaft sein, die Norm zu brechen. Das hat die gravierende Konsequenz, dass in anonymen Kontexten der Einzelne, der nach einer moralischen Norm handelt, ausbeutbar sein kann. Dieses Problem lässt sich anhand der Grundstruktur eines sozialen Dilemmas darstellen.

3.2.3 Individuelle und kollektive Rationalität: Die Grundstruktur sozialer Dilemmata

Viele wichtige Probleme komplexer und ausdifferenzierter Gesellschaften lassen sich durch eine gleichartige Struktur beschreiben: durch die Struktur eines sozialen Dilemmas. Die Beschreibung dieser Dilemmastruktur dient dazu, die diesen Problembereichen inhärenten Konfliktpotenziale zu erkennen und deren tragfähige sowie wirksame Entschärfungsmöglichkeiten zu verdeutlichen.
Soziale Dilemmata sind durch Bedingungsfaktoren charakterisiert, die darauf hinwirken, dass durch Verfolgung des eigenen Vorteils gesellschaftlich unerwünschte Ergebnisse zu Stande kommen (Gefangenendilemma). Bei einem sozialen Dilemma fallen individuelle Rationalität und kollektiv Erwünschtes systematisch auseinander: Kooperatives, normenorientiertes, unmittelbar auf gesellschaftlich erwünschte Ergebnisse zie-

lendes Verhalten (wie z. B. umweltverträgliches Handeln) bürdet dem einzelnen Akteur (unter gegenwärtig geltenden Rahmenbedingungen) höhere Kosten auf als unkooperatives, kollektiv schädigendes Verhalten. Der Kostenbegriff ist dabei nicht nur pekuniär zu sehen, sondern umfasst neben monetären Aufwendungen auch physische Kosten wie Mühen und Unbequemlichkeiten, Zeitaufwand und soziale Kosten wie Verlust von Anerkennung. Die individuelle Situation in einem sozialen Dilemma lässt sich wie folgt illustrieren:

		Verhalten der **anderen** Entscheidungsträger	
		kooperativ	nicht kooperativ
individuelles Verhalten	kooperativ	Nutzen 30 **I** - Kosten 10 Nettonutzen **+ 20**	Nutzen 0 **III** - Kosten 10 Nettonutzen **- 10**
	nicht kooperativ	Nutzen 30 **II** - Kosten 0 Nettonutzen **+ 30**	Nutzen 0 **IV** - Kosten 0 Nettonutzen **0**

Abb. 3.2.3_1: Individuelle Situation in einem sozialen Dilemma
Quelle: IÖB, Universität Münster

Wenn sich alle Individuen an gesellschaftliche Kooperationsnormen (wie z. B. an eine Norm für umweltfreundliches Handeln) halten, bringt das dem einzelnen Individuum Vorteile (etwa in Form unbelasteter Luft und sauberen Wassers). Diese Vorteile sind hier mit 30 Einheiten auf der Nutzenseite veranschlagt. Entsprechend sollen die individuell anfallenden Kosten der hierfür zu realisierenden Verhaltensweisen in Form von Zeit, Geld, Aufgabe von Bequemlichkeit mit 10 Einheiten auf der Kostenseite zu Buche schlagen, sodass sich für jedes Individuum dieser Gesellschaft ein Nettonutzen kooperativen (umweltverträglichen) Verhaltens von 20 Einheiten ergibt.
Die in Feld A dargestellte Konstellation ist die gesellschaftlich erwünschte: Jeder verhält sich gemäß der gemeinwohlorientierten Kooperationsnorm. Den homo oeconomicus unterstellt, ist allerdings fraglich, ob dieses Ergebnis tatsächlich Bestand hat, wenn das Ausschlussprinzip (der Preise) nicht gilt. Das Ausschlussprinzip funktioniert, wenn derjenige von den Vorteilen eines Guts oder einer sozialen Norm ausgeschlossen werden kann, der nicht bereit ist, einen (Kooperations- bzw. Kosten-)Beitrag zur Erstellung bzw. Erhaltung dieses Guts bzw. dieser Norm zu leisten.
Viele Güter und Normen haben allerdings den Charakter eines öffentlichen Guts. Deren Merkmal ist es, dass das Ausschlussprinzip nicht zur Anwendung gebracht wird. Auch derjenige kann öffentliche Güter wie

saubere Luft, unbelastetes Wasser oder Rechtssicherheit nutzen, der nicht bereit ist, durch sein eigenes Verhalten zu diesem Gut bzw. zu dieser Norm beizutragen. Daher ist für öffentliche Güter die individuell vorteilhafteste Situation nicht durch Feld A, sondern vielmehr durch Feld B repräsentiert. Der Einzelne kann nämlich seinen Nutzen dadurch erhöhen, dass er seinen Kostenbeitrag zur Erhaltung oder Erlangung des Guts bzw. der Norm in der Erwartung verweigert, dass die anderen Mitglieder der Gesellschaft bzw. der Gruppe diesen Kostenbeitrag schon tragen werden. Durch Ausscheren in das Feld B kann der Einzelne seinen Nettonutzen auf 30 Einheiten erhöhen. Dies ist die Attraktivität der Trittbrettfahrerposition.

Der Anreiz zum Einnehmen der Trittbrettfahrerposition lässt sich auch von Feld C ablesen: Hier wird deutlich, dass diejenigen, die die Kosten kooperativen Verhaltens in Höhe von 10 Einheiten auf sich nehmen, damit rechnen müssen, dass ihr Kooperationsbeitrag nicht zur gewünschten Bereitstellung der Ergebnisse und damit auch nicht zum Nutzen von 30 Einheiten führt, weil ihnen nicht hinreichend viele folgen. Sie müssten vielmehr befürchten, als „Dumme“ bzw. als „moralische Deppen“ dazustehen, welche von Trittbrettfahrern ausgenutzt und ausgebeutet werden. Daher wird es immer weniger geben, die sich an entsprechende Kooperationsnormen halten.

In Dilemmasituationen mündet also die Realisation individueller Wahlhandlungen in gesellschaftlich unerwünschten Ergebnissen (Feld D). Dieses Resultat scheint zunächst einmal überraschend, weil Feld A für jedes Individuum vorteilhaft ist (und damit in mikroökonomischer Terminologie als „pareto-superior“ bezeichnet wird). Zu beachten ist aber, dass das Gesamtergebnis ein nicht intendiertes Resultat intentionaler Handlungen der hominorum oeconomicorum darstellt. Entscheidend hierfür sind die fehllenkenden Anreizstrukturen, die kollektiv erwünschtes Handeln aus individueller Sicht unattraktiver erscheinen lassen als das Einnehmen der Trittbrettfahrerposition. Wenn die durch die Institutionen gesetzten Bedingungen dergestalt sind, dass kooperatives Verhalten mit höherem Zeit- und Geldaufwand korrespondiert, bleiben die von allen gewünschten Verhaltensergebnisse vorhersagbar auf der Strecke.

3.2.4 Dilemmaentschärfung: Moral versus Anreize?

Auf die für die Funktionsfähigkeit moderner Gesellschaften hoch relevante Frage, wie sich ein soziales Dilemma auflösen lässt, finden sich regelmäßig zwei Antworten. Die eine Antwort baut auf moralische Normen. Dieser Logik entsprechen moralische Appelle an den Einzelnen, sich entgegen den durch die Dilemmastrukturen gesetzten Anreizen kooperativ zu verhalten. Das Motto lautet: Individuelle Moral gegen Anreize. Die andere

Antwort zielt auf eine dahingehende Änderung der Anreizbedingungen, dass die Trittbrettfahrerposition aus individueller Perspektive unattraktiv wird. Diese Strategie steht unter dem Motto: Stützung von Moral durch Anreize.

Welche dieser beiden Antworten die geeignetere ist, erschließt sich nun durch die ökonomische Verhaltenstheorie. Das homo oeconomicus-Modell zeigt auf, dass das Interesse an der Verbindlichkeit einer moralischen Norm nicht in jedem Situationskontext mit der Erwartung verbunden werden kann, dass die Akzeptanz dieser Norm gleichzeitig ein normkonformes Verhalten fördert (Krol 1997). Wenn nämlich individuell Rationalverhalten vorherrscht, ist die Frage zu stellen: Hat ein Individuum selbst Anlass, eine Norm – von der alle Individuen es lieber sehen, dass sie allgemein befolgt wird – im konkreten Einzelfall auch zu befolgen?

In überschaubaren Kleingruppenkontexten ist dies sehr wohl zu erwarten, weil hier soziale Kontrollmöglichkeiten bestehen. Viele aktuelle gesellschaftliche Probleme vollziehen sich allerdings in Handlungskontexten, die sich anonymer darstellen und in denen die soziale Sanktionierbarkeit fehlt. Hier ist es für den einzelnen Akteur vorteilhaft, Trittbrett zu fahren und sich nicht kooperativ zu verhalten. Denn kooperatives und unmittelbar auf erwünschte gesellschaftliche Ergebnisse zielendes Verhalten muss sich in diesen Handlungskontexten gegen das durchsetzen, was aus individueller Perspektive am günstigsten ist. Moralische Appelle zur Einhaltung von Kooperationsnormen laufen unter dieser Konstellation Gefahr, dass sie ignoriert werden. Schlimmer noch: Weil die Gefahr besteht, dass moralische Verhaltensweisen sich hier als (möglicherweise sogar ruinöse) Selbstopferhandlungen erweisen, können moralische Appelle auf Dauer sogar eine zynische Haltung bei den Angesprochenen provozieren. Der Ansatz, der dem Einzelnen abverlangt, sich permanent und systematisch gegen die aus individueller Sicht vorteilhafteste Alternative durchzusetzen, wird selbst moralisch fragwürdig.

Das homo oeconomicus-Modell legt somit für Entscheidungssituationen in anonymen Handlungskontexten – zu denen sich ein Großteil der aktuellen Gesellschaftsprobleme wie die Umweltproblematik oder auch die Ausbeutung der sozialen Sicherungssysteme zuordnen lassen – nahe, die institutionellen Anreizstrukturen mitzureflektieren und deren Gestaltung bzw. Änderung als Problementschärfungsstrategie in den gesellschaftlichen Diskurs einzuspeisen. Dabei muss es letztlich darum gehen, gesellschaftlich erwünschte Alternativen durch anreizbewehrte formgebundene Anreizstrukturen auch aus individueller Sicht attraktiver zu machen und damit einen verhaltenswirksameren Schutz vor der Ausbeutung moralischer Akteure bereitzustellen.

3.2.5 Verdirbt der homo oeconomicus die Moral?

Dass der homo oeconomicus die Moral verdirbt, scheinen prima facie empirische Studien zur Kooperationsbereitschaft von Studentinnen und Studenten zu belegen: Je besser die Studierenden über das homo oeconomicus-Modell informiert sind – so das Ergebnis einer berühmt gewordenen Studie der Cornell University –, desto geringer ist die Bereitschaft zur Kooperation und desto höher die Defektionsrate (Frank/Gilovich u. a. 1993 sowie 1996). „Danach" – führen die Autoren genüsslich aus – „muss als gesichert gelten: Das Studium der Betriebs- oder Volkswirtschaft formt „lopezoide" (frei nach dem als besonders rücksichtslos geltenden VW-Manager Ignacio Lopez) Charaktere – selbstisch, aggressiv und [...] bei der Durchsetzung ihres eigenen Vorteils so gnadenlos wie ein Henkersstrick." (Der Spiegel, 1993, Nr. 37, 229f.)
Hier wird praktisch unterstellt, durch das Studium der Wirtschaftswissenschaft werden egoistische Nutzenmaximierer geprägt bzw. dieses Studium wird von vornherein hauptsächlich von selbstsüchtigen Egomanen gewählt. Die homo oeconomicus-Konzeption scheint sich demnach selbst zu disqualifizieren, weil sie die Moral und die Kooperationsbereitschaft verdirbt.
Eine solche Interpretation des ökonomischen Verhaltensmodells übersieht aber dessen positiv-methodologischen Charakter: Das homo oeconomicus-Modell kann und soll nicht als normatives Leitbild dienen. Der homo oeconomicus ist weder eine Handlungsempfehlung noch eine psychologische Behauptung oder im Einzelfall gültige empirische These. Die ökonomische Verhaltenskonzeption ist vielmehr ein methodologisches Instrument, welches dazu anregt, das Verhalten aus den Rahmenbedingungen, den Restriktionen und Anreizen, zu rekonstruieren. Dies geschieht, indem die Erklärung von „typisierten" Verhaltensweisen nicht in (geänderten) Präferenzen, sondern vielmehr in (der Änderung von) Restriktionen und Anreizen gesucht wird.
Eine solche Modellierung hat den Vorteil, dass bestimmte, in der öffentlichen Diskussion häufig marginalisierte Verhaltensdeterminanten überhaupt in den Blick kommen – nämlich solche Faktoren, die sich den sanktionsbewehrten Rahmenbedingungen (Restriktionen) bzw. Anreizstrukturen zuordnen lassen. Dabei kommt es weniger darauf an, dass die Verhaltensannahmen in einem deskriptiven Sinn realistisch sind. Entscheidend ist vielmehr, inwiefern sich die Annahmen für eine individualistisch fundierte Erklärung kollektiver Phänomene eignen.
Nun kann die Fruchtbarkeit des ökonomischen Verhaltensmodells durch deren erfolgreiche Anwendungen auf unterschiedlichste Gegenstandsfelder belegt werden (Frey 1990, Ramb/Tietzel 1993, Becker/Becker 1998, Kirchgässner 2000). Das homo oeconomicus-Modell verdirbt daher nicht die Moral, sondern geradezu im Gegenteil: Erst der homo oeconomicus

ermöglicht eine aufgeklärte Sicht auf die grundlegenden Zusammenhänge zwischen Verhalten, Moral und Regeln in modernen Gesellschaften. Wie die beiden Abschnitte 3.2.3 und 3.2.4 zeigten, kann die ökonomische Verhaltenstheorie aufzeigen, unter welchen Bedingungen eigeninteressierte Verhaltensweisen die Realisierung gemeinsamer Interessen verhindern und was getan werden kann, um diese Dilemmablockade aufzubrechen. Dabei verdeutlicht das Modell, dass zwecks verbesserter Implementationschancen von Moral in der modernen Gesellschaft bei den Handlungsbedingungen anzusetzen ist – und nicht bei den individuellen Zielen und Motiven. Damit bewahrt das homo oeconomicus-Modell vor naivem Verhaltensoptimismus ebenso wie vor denjenigen Ideologen, die glauben, die Menschheit sei besser als der Mensch.

4 Private Haushalte und Marktkoordination

4.1 Grundzüge eines einfachen Marktmodells (I)

Heute herrscht auf den Konsumgütermärkten eine unüberschaubare Warenvielfalt. Wir haben uns daran gewöhnt, was immer wir an Gütern haben möchten, auf den Märkten kaufen zu können, vorausgesetzt wir können das Gewünschte bezahlen. Dieses ist nun keineswegs so selbstverständlich, wie es uns erscheint. In vielen Ländern der Welt bleiben die Grundbedürfnisse der Menschen unbefriedigt. Noch vor gut 50 Jahren fehlte es auch in Deutschland an Notwendigem. Bis zum Zusammenbruch der sozialistischen Staaten war der Konsumalltag dort durch das gleichzeitige Auftreten von Ladenhütern, die niemand haben wollte und langen Käuferschlangen nach Begehrtem geprägt, ohne dass dies zu einer Umstrukturierung der Produktion entsprechend den am Markt offenbarten Käuferpräferenzen führen musste. Wenn wir heute bei uns zu fast jeder Zeit und an fast jedem Ort die Güter bekommen können, die wir wollen, dann nicht zuletzt aufgrund der Leistungsfähigkeit der Marktkoordination. Der Marktkoordination wird die Fähigkeit zugesprochen, zwischen den Interessen der Privaten Haushalte an einem qualitativ hochwertigen und preiswerten Güterangebot auf der einen Seite, und den Gewinninteressen der Unternehmen auf der anderen Seite in der Weise zu vermitteln, dass eine bestmögliche Marktversorgung mit den gewünschten und deshalb knappen Gütern das Ergebnis ist.
In diesem Kapitel sollen die Grundzüge der Marktkoordination verdeutlicht werden. Wir greifen zum Zweck der Veranschaulichung auf typische Verläufe von Angebot und Nachfrage zurück, die in einem idealtypischen Marktmodell zusammengeführt werden, ohne dabei verkennen zu wollen, dass die Koordinationsprozesse in der Realität nicht so friktionslos verlaufen, wie es nach diesem Modell den Anschein haben könnte. Gleichwohl erweist sich das Marktmodell als eine sinnvolle Heuristik für das Verständnis von Koordinationsprozessen auf Wettbewerbsmärkten, auf die man auch dann nicht verzichten sollte, wenn nicht alle Annahmen des Modells gegeben sind, so lange jedenfalls nicht, wie dieses Modell in Bezug auf die jeweils zugrunde liegende Fragestellung bessere Ergebnisse liefert als andere Modelle.
Eine erste systematische Beschreibung der Marktgesetze wurde von dem schottischen Moralphilosophen und Nationalökonomen Adam Smith (1723-1790) in seinem Hauptwerk „Untersuchung über das Wesen und die Ursachen des Volkswohlstands“ vorgenommen. In bewusster Kontrastierung zum merkantilistischen bzw. absolutistischen Wirtschaftssystem der damaligen Zeit beschrieb er die volkswirtschaftliche Produktionssteu-

erung über wettbewerbliche Märkte als „unsichtbare Hand“, die die unternehmerischen Produktionsentscheidungen nolens volens an den Konsumentenpräferenzen ausrichtet. Die Ausrichtung der Produktion an den Konsumentenbedürfnissen wurde dabei nicht länger auf die verhaltensprägende Kraft sozialer Normen, nicht mehr auf für Kleingruppen plausible Motive der Versorgung mit hochwertigen Gütern zurückgeführt, sondern auf die verhaltenskanalisierende Kraft wettbewerblicher Rahmenbedingungen. Er schrieb:

> „Nicht vom Wohlwollen des Fleischers, Brauers oder Bäckers erwarten wir unsere Mahlzeit, sondern von ihrer Bedachtnahme auf ihr eigenes Interesse. Wir wenden uns nicht an ihre Humanität, sondern an ihre Eigenliebe, und sprechen nie von unseren Bedürfnissen, sondern von ihrem Vorteil.“ (Smith 1878, 20

Die schon hier vorgenommene Trennung von (eigennützigen) Handlungsmotiven und (gesellschaftlich gewünschten, d. h. auf gute Marktversorgung abzielenden) Handlungsergebnissen ist für den ökonomischen Denkansatz konstitutiv (vgl. 3.1.2 Verhaltensdeterminanten). In einer hoch spezialisierten, arbeitsteiligen und anonymen Wirtschaft kann man sich zur Gewährleistung einer guten Marktversorgung nicht mehr auf uneigennützige Handlungsmotive der wirtschaftlichen Akteure verlassen, wie es in Kleingruppen noch der Fall sein mag. Die Marktergebnisse werden in anonymen Marktbeziehungen maßgeblich durch die Rahmenbedingungen eines institutionalisierten Wettbewerbs bestimmt, denen die wirtschaftlichen Akteure bei der Verfolgung ihrer jeweiligen (und in der Regel selbstinteressierten) Ziele gegenüberstehen. Dieser methodische Zugriff bei der Analyse wirtschaftlichen Verhaltens steht keineswegs in Widerspruch zu Forderungen und Bemühungen, wirtschaftliches Verhalten stärker an sozialer Verantwortung auszurichten. Aber – so ein politisch-pragmatisches Argument – er verlässt sich nicht allein auf die Qualität der Handlungsmotive, sondern insistiert auf der Verhaltensrelevanz der aus den institutionellen Rahmenbedingungen der Entscheidungssituation resultierenden Anreize.

Wir befassen uns zunächst mit der ökonomischen Sicht der Marktnachfrage Privater Haushalte und leiten in 4.1.1 den prinzipiellen Verlauf der Nachfragekurve ab. Danach wird in 4.1.2 die Angebotskurve abgeleitet.

Nach der Bearbeitung sollen Herleitung und Verlauf der beiden Kurven im klassischen Marktmodell bekannt sein.

4.1.1 Ableitung der Nachfragekurve

Der grundsätzliche Verlauf der Nachfragekurve erschließt sich intuitiv. Es ist plausibel, dass die nachgefragte Menge eines Guts mit sinkenden (steigenden) Preisen dieses Guts zunimmt (abnimmt). Da die Nachfragekurve für die Bewertung von Marktergebnissen von großer Bedeutung ist, soll sie hier systematisch mit den individuellen Nutzenvorstellungen der einzelnen Nachfrager verbunden werden.
Ausgangspunkt ist dabei das Erste Gossen'sche Gesetz (vgl. Abbildung 4.1.1_1). Es stellt eine Beziehung her zwischen der Ausstattung eines Haushalts mit einem bestimmten Gut X und der Entwicklung des Nutzens, den diese Güterausstattung für den Haushalt stiftet. Mit zunehmender Konsumgüterausstattung nimmt der Nutzen für den Haushalt zu, bis im Maximum alle Bedürfnisse nach diesem Gut befriedigt sind (Sättigungsmenge). Mit zunehmender Konsumgüterausstattung nimmt der Nutzenzuwachs (Grenznutzen U') ab, erreicht bei der Sättigungsmenge den Wert Null und wird danach negativ. Exemplarisch: Dem Durstigen stiftet das erste Glas Wasser einen höheren Nutzenzuwachs als die jeweils folgenden Gläser, und irgendwann ist der Durst völlig gelöscht, der Nutzenzuwachs eines weiteren Glases wäre nicht nur Null, sondern negativ. Er wird der Sache überdrüssig.

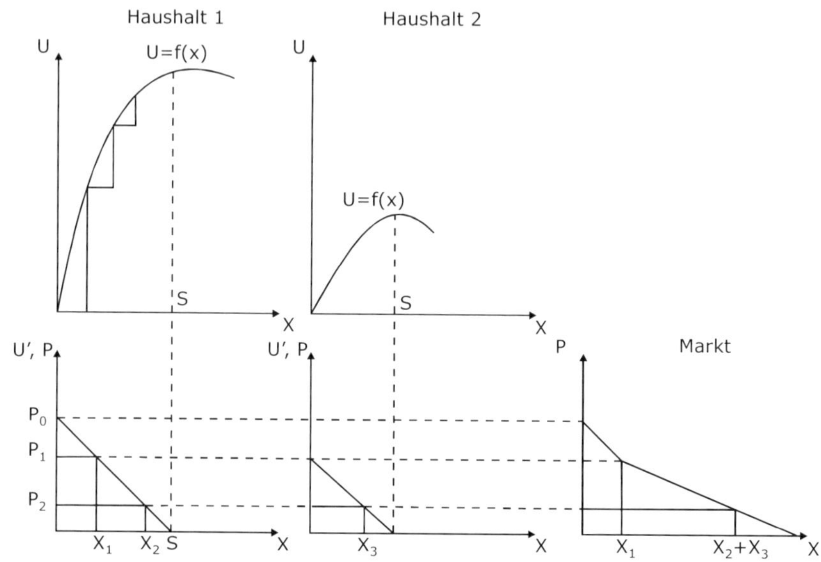

Abb. 4.1.1_1: Die Nachfragekurve als Spiegel des Güternutzens
Quelle: IÖB, Universität Münster

Die Grenznutzenkurve (U') gibt an, wie sich der Nutzen eines Haushalts verändert, wenn er jeweils über eine zusätzliche Einheit dieses Guts verfügen kann. Sie zeigt die Veränderung der Wertschätzung, die ein Haushalt in Abhängigkeit der jeweils erreichten Konsumgüterausstattung einer weiteren Einheit dieses Guts beimisst.

Nun kann der Nutzenzuwachs bzw. die Wertschätzung einer zusätzlichen Gütereinheit nicht direkt gemessen werden. Hier behilft man sich mit der Annahme, dass der Nutzenzuwachs jeweils durch die Bereitschaft signalisiert wird, für eine weitere Einheit des Guts einen Preis zu zahlen, d. h. das Gut nachzufragen. Ein rational handelnder Konsument wird eine weitere Einheit des Guts nachfragen, wenn ihm das Gut mehr oder genauso viel wert ist wie der Preis, den er dafür zu zahlen hat. Ein Haushalt würde also bei alternativen Marktpreisen jeweils die Menge des Konsumguts erwerben, bei der der Nutzenzuwachs der letzterworbenen Einheit dem Preis dieses Guts gleich ist. Daraus folgt, dass der Verlauf der Grenznutzenkurve die Zahlungsbereitschaften offenbart, die die Nachfrager für alternative Mengen dieses Guts entfalten. Genau dies entspricht der Nachfragekurve. Sie spiegelt die (in der Höhe von der jeweiligen Konsumgüterausstattung abhängigen, marginalen) Zahlungsbereitschaften als Ausdruck des jeweiligen Güternutzens wider. Über die Zahlungsbereitschaft legt der Haushalt seine Präferenzen nach den jeweiligen Gütern offen. Die durch die Nachfragekurve abgebildeten Zahlungsbereitschaften gelten als Maß für die Wertschätzungen knapper Güter, vorausgesetzt, es steht ein für diese Bedürfnisartikulation hinreichendes Einkommen zur Verfügung.

Auf prinzipiell gleiche Weise lassen sich nun die Nachfragekurven anderer Haushalte nach dem Gut X ermitteln (vgl. Abbildung 4.1.1_1). So fragt der Haushalt 1 zum Preis P_1 die Menge X_1 nach, während dem Haushalt 2 das Gut X diesen Preis nicht wert ist. Er fragt das Gut erst bei niedrigerem Preis nach. Addieren wir die sich bei alternativen Preisen jeweils ergebende Marktnachfrage horizontal – beispielsweise die sich beim Preis P_2 ergebenden Nachfragemengen X_2 des Haushalts 1 und X_3 des Haushalts 2 zur Marktnachfrage $X_2 + X_3$ –, so erhalten wir die Marktnachfragekurve nach dem Gut X: Mit steigendem (sinkendem) Preis des Guts X sinkt (steigt) die nachgefragte Menge. Die durch eine bestimmte Preisänderung induzierte Mengenänderung ist von der Steigung der Nachfragekurve abhängig. Sie symbolisiert die bei alternativen Marktpreisen gegebenen Zahlungsbereitschaften nach dem Gut. Diese Zahlungsbereitschaften gelten als Maß für den Nutzen, den die jeweilige Konsumgüterausstattung den nachfragenden Haushalten stiftet.

4.1.2 Ableitung der Angebotskurve

Auch der grundsätzliche Verlauf der Angebotskurve erschließt sich zunächst intuitiv. Je höher (geringer) der Preis eines Guts, desto höher (geringer) ist die angebotene Menge dieses Guts. Auch hinter der Angebotskurve stehen fundamentale ökonomische Gesetzmäßigkeiten, auf die hier nur kurz eingegangen werden kann. Grundlage für die Ableitung der Angebotskurve von Unternehmen auf Wettbewerbsmärkten, die sich an gegebene Marktpreise anpassen müssen, sind gesetzmäßige Zusammenhänge zwischen Produktionsmenge, Kosten und Preisen.

Man stelle sich eine Brotbäckerei vor, die zunächst mit von der Zahl der gebackenen Brote unabhängigen fixen Kosten für Räumlichkeiten, Backöfen usw. konfrontiert ist. Diese Kosten nehmen – als durchschnittliche fixe Kosten berechnet – mit der Zahl der gebackenen Brote stark ab. Hinzu kommen die sich mit der Produktionsmenge ändernden variablen Kosten, z. B. für Roh-, Hilfs- und Betriebsstoffe und insbesondere für Arbeitskräfte. Diese Kosten steigen zwar mit zunehmender Produktion, aber die Kostenzuwächse entwickeln sich unterschiedlich. Werden nur wenige Brote gebacken, sind die Kapazitäten nicht ausgelastet und es können mit vergleichsweise geringen und infolge besserer innerbetrieblicher Arbeitsteilung zunächst gar sinkenden Kostenzuwächsen mehr Brote gebacken werden. Sind die Kapazitäten zunehmend ausgelastet und müssen zur weiteren Produktionssteigerung auch Arbeitskräfte mit geringerer Leistungsfähigkeit oder -bereitschaft beschäftigt werden, steigen die für eine Produktionssteigerung erforderlichen Kostenzuwächse. Daraus folgt: Mit zunehmender Produktion steigen die Kosten, aber die Kostenzuwächse nehmen zunächst ab, dann wieder zu. Die Grenzkostenkurve (GK), aber auch die variablen Kosten pro Stück, verlaufen U-förmig. Das gilt auch für die Gesamtkosten pro Stück, die Durchschnittskosten (DK). Sie nehmen mit zunehmender Produktionsmenge auch dann noch ab, wenn die variablen Kosten pro Stück schon zu steigen beginnen. Erst wenn der Anstieg der variablen Kosten pro Stück die Abnahme der durchschnittlichen fixen Kosten übersteigt, beginnen auch die Durchschnittskosten zuzunehmen. Abbildung 4.1.2_1 verdeutlicht diese gesetzmäßigen Beziehungen nur zwischen den Grenzkosten- und Durchschnittskostenverläufen. Sie weisen (mit Ausnahme der durchschnittlichen Fixkosten) mit steigender Produktionsmenge einen zunächst sinkenden, danach einen steigenden Verlauf auf, wobei die Kurven ihr Minimum in ganz bestimmter Abfolge erreichen.

Nun lässt sich die (bei gegebener Technologie und gegebenen Faktorpreisen) jeweils gewinnmaximale Produktionsmenge bei alternativen Marktpreisen leicht ableiten: Zum Preis von P_1 kann das Unternehmen gerade seine Durchschnittskosten (DK) decken und zwar bei der Menge X_1. Es macht hier weder Gewinn noch Verlust. Würde der Preis auf längere Sicht niedriger sein als P_1, müsste das Unternehmen aus dem Markt ausscheiden. P_1 stellt also für das Unternehmen eine Preisuntergrenze dar. Würde der Marktpreis auf P_2 steigen, fände das Unternehmen sein Gewinnmaximum bei X_2. Dies kann leicht nachvollzogen werden, wenn man die mit der Produktionserhöhung einhergehende Erlössteigerung mit der Kostensteigerung vergleicht. Der Erlös steigt um Mengenerhöhung multipliziert mit dem Preis, d. h. den Inhalt des Rechtecks X_1X_2AB. Die Kostensteigerung wird durch die Fläche unterhalb der Grenzkostenkurve angegeben und beträgt X_1X_2AC. Der zusätzliche Gewinn entspricht der Differenz, dem Dreieck ABC. Das Unternehmen hat seine gewinnmaximale Produktion erreicht, wenn der zusätzliche Erlös (hier gleich dem Preis) gleich den zusätzlichen Kosten (Grenzkosten) einer weiteren Produktionseinheit ist. Denn sind die zusätzlichen Kosten einer weiteren Produktionseinheit noch geringer als der Preis, zu dem diese weitere Produktionseinheit verkauft werden kann, erhöht die Produktionsausweitung den Gewinn. Daraus folgt, dass der steigende Ast der Grenzkostenkurve die Angebotskurve des Unternehmens repräsentiert.

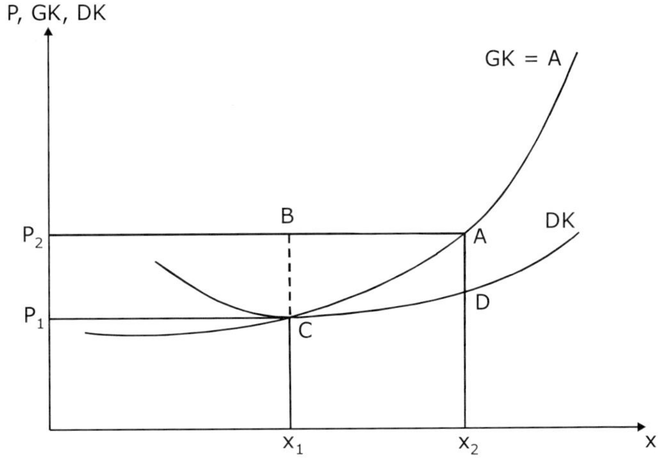

Abb. 4.1.2_1: Die Angebotskurve als Spiegel der Produktionskosten
Quelle: IÖB, Universität Münster

Das gesamte Marktangebot xA eines Guts erhält man – entsprechend dem Vorgehen auf der Nachfrageseite – durch eine horizontale Addition der Angebotskurven der einzelnen, dieses Gut produzierenden Unternehmen. Die Angebotskurve eines Guts auf einem Wettbewerbsmarkt ordnet die Angebote der einzelnen Unternehmen also nach der Höhe ihrer jeweiligen Produktionskosten.

4.2 Grundzüge eines einfachen Marktmodells (II)

Nach dem im vorangegangenen Unterkapitel die Angebots- und Nachfragekurven abgeleitet wurden, beschäftigen wir uns in 4.2.1 damit, wie beide im Marktmodell zusammen geführt werden und ein Marktgleichgewicht entsteht. Daran anschließend werden in 4.2.2 die Wirkungen von Marktinterventionen mit Hilfe des theoretischen Modells untersucht, um zu zeigen, wie mit seiner Hilfe empirisch bedeutsame Aussagen gewinnen lassen.

Lernziel dieses Unterkapitels ist es, zu verdeutlichen, wie man sich unter den gegebenen Knappheitsbedingungen eine bestmögliche Marktversorgung durch Wettbewerbsmärkte vorzustellen hat, obwohl die agierenden Konsumenten und Produzenten eigennützige und konfligierende Interessen verfolgen. Es soll deutlich werden, dass die staatlichen Maßnahmen mit dem Ziel der Verbesserung der Marktversorgung durchaus das Gegenteil bewirken können, wenn diese Maßnahmen ökonomische Gesetzmäßigkeiten außer Acht lassen.

4.2.1 Eigenschaften des Marktgleichgewichts

Nun lässt sich zeigen, wie die in Bezug auf Preis-Mengenkombinationen gegenläufigen Pläne der Nachfrager und Anbieter idealtypisch aufeinander abgestimmt werden.

Auf einem Markt für ein bestimmtes Konsumgut X mögen sich viele Nachfrager und viele Anbieter mit kleinen Marktanteilen gegenüberstehen. Die auf dem Markt nachgefragte Menge steigt (sinkt) mit sinkendem (steigenden) Preis dieses Guts. Da die Zahlungsbereitschaft als Maß für den Nutzen gilt und der Nutzenzuwachs mit zunehmender Ausstattung mit dem Gut abnimmt, werden die Haushalte auf sinkende Preise so lange mit steigender Nachfrage reagieren, wie der Nutzenzuwachs einer zusätzlichen Gütereinheit über dem dafür zu entrichtenden Preis liegt. Umgekehrt steigt (sinkt) das Güterangebot mit steigenden (sinkenden) Preisen, da mit steigenden Preisen sich auch Unternehmen mit höheren Produktionskosten im Markt behaupten können.

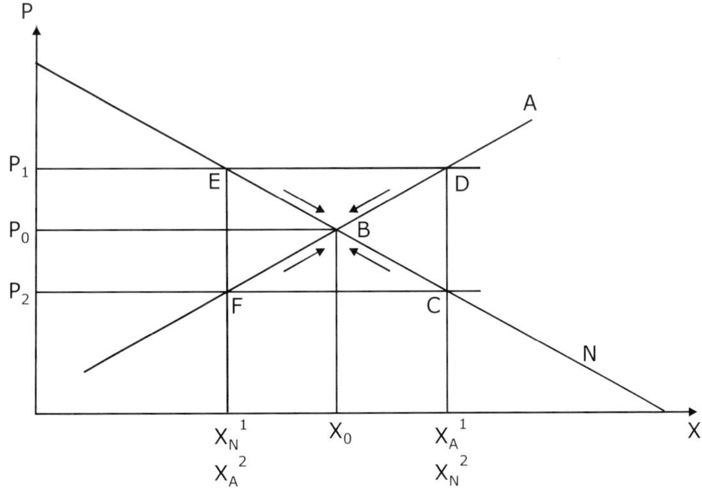

Abb. 4.2.1_1: Das Marktgleichgewicht
Quelle: IÖB, Universität Münster

Nur bei der Preis-Mengenkombination P_0/X_0 sind die sich in den Kurvenverläufen widerspiegelnden Pläne der Unternehmen und der nachfragenden Haushalte miteinander vereinbar. Bei jedem von P_0 abweichenden Preis werden sich Anpassungsprozesse hin zum Gleichgewicht ergeben. So werden Unternehmen bei einem angenommenen Preis P1 eine Angebotsmenge X_A^1 produzieren. Die Haushalte werden zu diesem Preis aber nur die geringere Menge X_N^1 nachfragen. Die Anbieter werden nicht alle zum Preis P_1 produzierten Güter absetzen können. Es werden sich Preissenkungstendenzen ergeben. Warum wird das so sein, wo doch jeder einzelne Anbieter ein Interesse daran haben wird, genau dies zu vermeiden? Wiederum hilft ein Erklärungsansatz weiter, der nicht die Ziele als Erklärungsvariable der wirtschaftlichen Akteure in den Mittelpunkt stellt, sondern die Rahmenbedingungen, unter denen die Akteure ihre Ziele realisieren. Unter der Rahmenbedingung eines funktionierenden Wettbewerbs muss nämlich der Anbieter, der als Erster auf das Überangebot mit Preissenkungen reagiert, die geringsten Preiszugeständnisse machen. Wer zu lange wartet und die Preise nicht senkt, läuft Gefahr, am Ende auf seiner Produktionsmenge sitzen zu bleiben oder später größere Preiszugeständnisse machen zu müssen. Es besteht bei einem Überangebot also nicht nur ein Anreiz zu Preissenkungen, sondern gleichzeitig für jeden einzelnen Anbieter die Bedrohung, dass die jeweiligen Konkurrenten mit der Preissenkung zuvorkommen. Nur ein Monopol könnte sich diesen von den Marktkräften ausgehenden Tendenzen zum Marktgleichgewicht

dadurch entziehen, dass es von vornherein eine geringere Menge produziert.
Bei einem Marktpreis von P_2 liegt die nachgefragte Menge (X_N^2) über dem zu diesem Preis produzierten Güterangebot (X_A^2). Es kommt zu einem Nachfrageüberhang. Auch hier ergeben sich Tendenzen hin zum Marktgleichgewicht P_0/X_0, sei es, dass die Nachfrager mit wechselseitigen Preisüberbietungen reagieren (Auktionen, Schwarzmarkt), sei es, dass die Anbieter selbst die Preise erhöhen.
Dem Marktgleichgewicht werden ganz bestimmte Eigenschaften zugeschrieben. Die wichtigste ist wohl die der bestmöglichen Marktversorgung. Man spricht in der Ökonomie von Paretooptimalität. Würde z. B. der Staat die Gesellschaft mit einer über X_0 hinausgehenden Menge X_A^1 versorgen, würde sich ein Nutzenzuwachs entsprechend der Fläche unter der Nachfragekurve ergeben. Der dafür aufzuwendende Kostenzuwachs entspricht der Fläche unterhalb der Angebotskurve und liegt um das Dreieck BCD über dem Nutzenzuwachs. Würde der Staat der Gesellschaft eine geringere Menge X_A^2 zur Verfügung stellen, ergäbe sich eine Kosteneinsparung, aber eben ein Nutzenverzicht, der um das Dreieck BEF über der Kosteneinsparung liegt. Nur im Marktgleichgewicht entspricht der Nutzenzuwachs der letzten Gütereinheit (ausgedrückt durch die dafür bestehende Zahlungsbereitschaft) genau dem Kostenzuwachs. Hier sind alle wechselseitig vorteilhaften Tauschmöglichkeiten genutzt. Die Güter gelangen zu den Haushalten, die mit ihrer höheren Zahlungsbereitschaft einen vergleichsweise dringlicheren Bedarf signalisieren und die Gesellschaft wird von den jeweils kostengünstiger produzierenden Anbietern versorgt.
Der empirische Gehalt dieser Aussagen hängt zum einen wesentlich davon ab, dass das Maß der Ungleichheit der Einkommensverteilung die Nachfragekurve als virtuelle, nach Zahlungsbereitschaften geordnete Käuferschlange, in der der jeweils eingenommene Platz die relative Dringlichkeit des Bedarfs signalisiert, nicht unbrauchbar werden lässt. Zum anderen muss die Angebotskurve alle mit der Produktion verbundenen Kosten widerspiegeln und es dürfen nicht Handlungsfolgen auf unbeteiligte Dritte abgewälzt werden.

4.2.2 Wirkung von Marktinterventionen

Im Folgenden soll das Marktmodell auf zwei Beispiele staatlicher Marktintervention angewendet werden, um zu zeigen, dass sich mithilfe dieses theoretischen Modells empirisch bedeutsame Aussagen gewinnen lassen. Die Beispiele werden gleichzeitig die Fruchtbarkeit des ökonomischen Denkansatzes verdeutlichen, der ja die Ergebnisse menschlichen Verhal-

tens nicht aus den Handlungszielen, sondern aus den Rahmenbedingungen erklärt, unter denen die Ziele realisiert werden.
Das erste Beispiel bezieht sich auf die Einführung einer Produktsteuer auf z. B. Pkw, die von den Verkäufern erhoben werden soll, um die Käufer nicht zu belasten. Prüfen wir, ob dieses soziale oder auch nur wahltaktische Kalkül aufgeht (Abbildung 4.2.2_1 bis 4.2.2_3).
Fall A: Nehmen wir an, bei einem Marktgleichgewichtspreis von 20.000 € würde eine Steuer von 2.000 € erhoben, die die Anbieter zu zahlen haben. Dann würden sich die von ihnen zu kalkulierenden Kosten pro Pkw um diese Steuer erhöhen. Die Angebotskurve verschiebt sich um den Steuerbetrag nach oben auf A1 (siehe Abbildung 4.2.2_1). Es ergibt sich ein neues Marktgleichgewicht bei der geringeren Menge X_1 und dem neuen Marktpreis von hier 21.000 €, den die Käufer zu zahlen haben. Die Anbieter haben davon 2.000 € pro Pkw an Steuer abzuführen, sodass ihnen 19.000 € verbleiben. Obwohl die Steuer beim Anbieter erhoben wird, tragen die Nachfrager sie zur Hälfte.
Fall B: Die Pkw-Käufer zahlen die Steuer. Da die Nachfragekurve die Zahlungsbereitschaft nach Pkw widerspiegelt und die Käufer bei jedem Preis des Pkw 2.000 € an Steuer abführen müssen, werden nun bei jedem Marktpreis weniger Pkw nachgefragt. Die Nachfragekurve verschiebt sich um den Steuerbetrag nach unten auf N_1 (Abbildung 4.2.2_1). Es ergibt sich ein neues Marktgleichgewicht mit einer geringeren Nachfragemenge bei X_1, für die die Käufer 21.000 € aufzuwenden haben. Davon führen sie 2.000 € an Steuer ab. Der Preis, den der Anbieter erhält, beträgt 19.000 €.

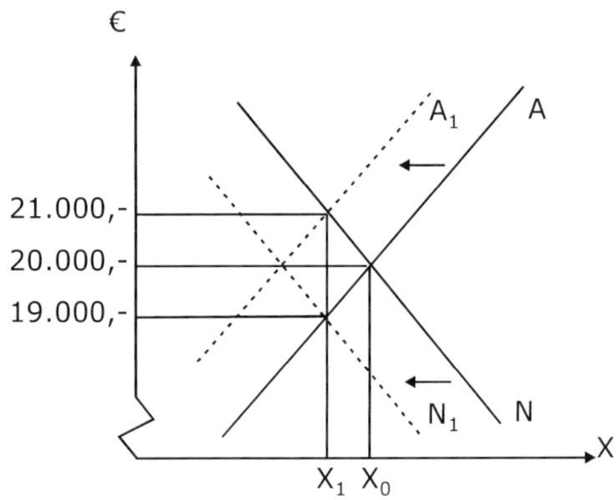

Abb. 4.2.2_1: Wirkungen einer Produktbesteuerung (1)
Quelle: IÖB, Universität Münster

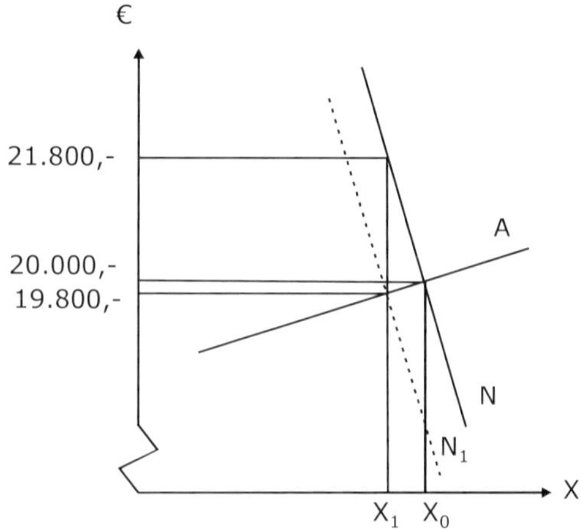

Abb. 4.2.2_2: Wirkungen einer Produktbesteuerung (2)
Quelle: IÖB, Universität Münster

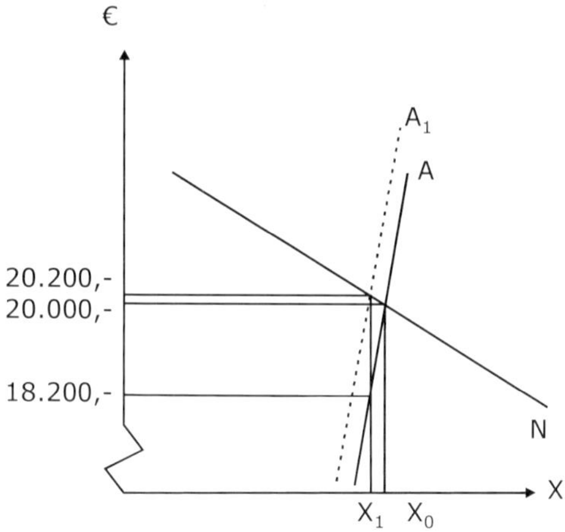

Abb. 4.2.2_3: Wirkungen einer Produktbesteuerung (3)
Quelle: IÖB, Universität Münster

Für die Verteilung der Steuerlast ist es hier (Abbildung 4.2.2_2) also gleichgültig, ob die Steuer beim Käufer oder beim Verkäufer erhoben wird. Worin liegt dieses auf den ersten Blick kontraintuitive Ergebnis begründet? Dies wird deutlich, wenn wir uns die in Abbildung 4.2.2_2 und 4.2.2_3 dargestellten Fälle ansehen. Im Fall der Abbildung 4.2.2_2 trägt der Käufer den überwiegenden Teil der Steuerlast, im Fall der Abbildung

4.2.2_3 der Verkäufer. Zurückzuführen ist dies auf die je unterschiedliche Steigung der Kurven (Kurvenelastizität), die jeweils unterschiedlich große Mengenänderungen als Reaktion auf Preisänderungen symbolisiert.
Darüber hinaus wird deutlich, dass diese Steuer eine sog. Zusatzlast – zusätzlich zu der Steuerzahlung – mit sich bringt. Sie liegt in einer geringeren Menge des Guts nach Steuer.
Das zweite Beispiel möge sich darauf beziehen, dass auch die Marktversorgung mit einem wichtigen Gut über X_0 hinaus verbessert werden soll. Um auch Beziehern geringer Einkommen die Nachfrage nach diesem Gut zu ermöglichen, fixiert der Staat auf dem Markt für dieses Gut einen Höchstpreis, der nicht überschritten werden darf (Abbildung 4.2.2_4).

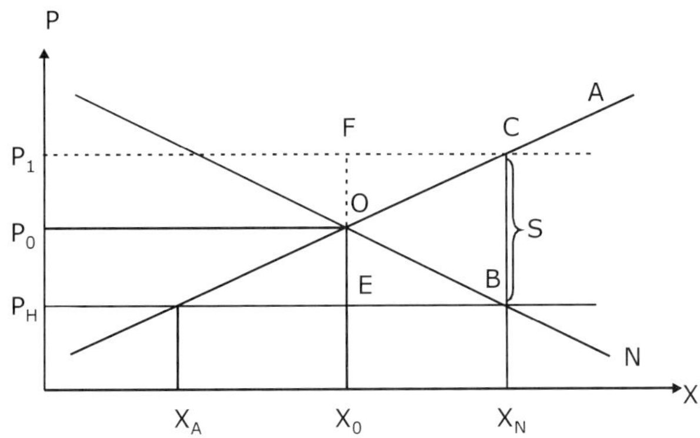

Abb. 4.2.2_4: Marktversorgung und staatlich fixierter Höchstpreis
Quelle: IÖB, Universität Münster

Der immer unter dem Gleichgewichtspreis liegende Höchstpreis (P_H) bewirkt aber nicht nur die intendierte Erhöhung der Nachfrage auf X_N, sondern gleichzeitig ein auf X_A sinkendes Angebot. Die Versorgung hat sich also nicht nur verbessert, sondern wird darüber hinaus weniger von dem Gut bereitgestellt. Ein Marktangebot von X_N wird nur zu P_1 erfolgen. Die Höchstpreisfixierung wird eine zweite Maßnahme nach sich ziehen müssen: die Subventionierung. Alle Nachfrager zahlen für die Menge X_N den Preis P_H, die Anbieter bekommen zusätzlich eine Stücksubvention von (s) und produzieren zum Preis von P_1 die Menge X_N, das Subventionsvolumen beläuft sich auf $P_H BCP_1$. Mitnahmeeffekte bewirken eine Verschwendung knapper Mittel, da auch Verbraucher mit hoher Zahlungsbereitschaft subventioniert werden. Würde hingegen allein die Gruppe der Bedürftigen – zweckgebunden – subventioniert, könnte die erwünschte, zusätzliche Nachfrage X_N–X_0 mit dem geringeren Subventionsvolumen EBCF bewirkt werden.

5 Handlungsmöglichkeiten und Funktionen der Verbraucher in der Marktwirtschaft

5.1 Handlungsmöglichkeiten der Verbraucher

Die modernen Industriegesellschaften sind nicht nur durch eine arbeitsteilige Organisation des Produktionsprozesses gekennzeichnet. Auch der Entscheidungsprozess über Umfang und Struktur der Produktion erfolgt in der Weise, dass Unternehmen und Haushalte ihre wirtschaftlichen Entscheidungen jeweils getrennt und orientiert an ihren jeweiligen Zielen treffen. Unternehmen entscheiden in der Regel unter erwerbswirtschaftlicher Zielsetzung. Sie können ihre Gewinnziele im Wettbewerb auf Dauer am besten dadurch erreichen, dass sie ein möglichst bedarfsgerechtes Angebot möglichst kostengünstig bereitstellen. Die Haushalte entscheiden als Nachfrager über die Einkommensverwendung und wählen entsprechend ihren Präferenzen aus in der Regel vorgegebenem Angebot unter der Zielsetzung aus, mit dem gegebenen Einkommen und bei den gegebenen Marktpreisen der Güter ein möglicht hohes Nutzenniveau zu erreichen. So wie die Zielerreichung der Haushalte von der Bereitstellung eines bedarfsgerechten Güterangebots abhängt, ist die Zielerreichung der Unternehmen von der Einkommensverwendung der Haushalte abhängig. Gleichwohl fallen die Entscheidungen über Güterangebot und Güternachfrage getrennt, wenn auch nicht völlig unabhängig voneinander. Die Abstimmung erfolgt in der Regel nicht in direkter Kommunikation, sondern über Märkte. Eine direkte Kommunikation zwischen den Anbietern von Konsumgütern und den Nachfragern findet man allenfalls noch in – gemessen am Nachfragevolumen – eher randständigen Bereichen der Auftragsproduktion, beispielsweise bei einer klar definierten Autoreparatur. Aber schon die Inspektion des Autos ist von anderer Art. Hier ist das Inspektionsprogramm vorgegeben, das akzeptiert oder abgelehnt werden kann.

Die Trennung von Haushalt und Betrieb, die sich seit der Industrialisierung immer weiter ausdifferenzierende Arbeitsteilung und Spezialisierung sind einmal Quelle der materiellen Wohlstandsmehrung. Andererseits hat diese Entwicklung die Verbraucher in eine reaktive (nicht gleich passive) Verbraucherrolle gedrängt. Für den überwiegenden Bereich der Einkommensverwendung gilt, dass Verbraucher in der Regel auf ein vorgegebenes Angebot reagieren, statt den Produzenten vor Aufnahme der Produktion über ihre Wünsche zu informieren. Letzteres ist allenfalls noch bei Aufträgen an das Handwerk möglich. Auch mag das Internet neue Formen der Marktkommunikation schaffen, die Verbraucherpräferenzen wieder frühzeitiger und differenzierter zur Geltung zu bringen. Aber diese

Entwicklungen werden sich vermutlich auf eine zwar breitere Auswahl aus einem insgesamt doch vorgegebenen Spektrum von Wahlmöglichkeiten beschränken.

Ist mit dieser reaktiven Verbraucherrolle das Konzept der „Konsumentensouveränität“ obsolet, welches ja postuliert, dass sich die Produktionsstruktur an den Konsumentenwünschen ausrichtet? Ist angesichts der Tatsache, dass eine unmittelbare Mitwirkung der Konsumenten an den Produktionsentscheidungen kaum besteht und das moderne Konsumgütermarketing auf die Wünsche und Bedürfnisse der Konsumenten einwirkt (exemplarisch schon Kroeber-Riel 1975), eher von Produzentensouveränität zu sprechen (Galbraith 1974)? Aus ökonomischer Sicht ist hier Vorsicht angebracht. In dieser Perspektive kommt es weniger darauf an, wer entscheidet, sondern darauf, dass das Ergebnis effizient und den Konsumentenpräferenzen entsprechend ausfällt.

Auch wenn die Konsumenten kaum unmittelbar an den Produktionsentscheidungen mitwirken, ergibt sich ein mittelbarer Zusammenhang über den institutionalisierten Wettbewerb: Die vermuteten (und durch Marktforschung erkundeten) Zahlungsbereitschaften der Verbraucher sind ex ante Richtgröße risikobehafteter Produktionsentscheidungen. Die Richtigkeit dieser Entscheidungen erweist sich aber immer erst ex post nach Maßgabe der tatsächlichen Kaufentscheidungen der Verbraucher. Im Rahmen dieser, auf ein vorgegebenes Angebot reagierenden Verbraucherrolle informieren Verbraucher die Unternehmen über ihre Bedürfnisse (Informationsfunktion) und belohnen (und bestrafen zugleich) die Anbieter durch die Verteilung ihrer Nachfrage auf Märkte, Unternehmen und deren Produkte (Sanktionsfunktion).

Die Förderung der Konsumenteninteressen gehört seit jeher zu den legitimatorischen Grundlagen marktwirtschaftlicher Systeme. Schon Adam Smith schrieb: „Konsumption ist der einzige Zweck aller Produktion; und das Interesse der Produzenten sollte nur insoweit berücksichtigt werden, als es zur Förderung des Konsumenteninteresses nötig ist“ (Smith 1878, 206). Durchsetzung von Konsumenteninteressen setzt in einer arbeitsteiligen Wirtschaft voraus, dass Konsumenten die Produzenten über ihre Bedürfnisse informieren können. Dies ist notwendig, reicht aber nicht aus, wenn sich die Ziele von Produzenten (Gewinnerzielung) und Konsumenten (Bedürfnisbefriedigung) unterscheiden und widersprechen können. Dann müssen die Konsumenten nicht nur über ihre Bedürfnisse informieren, sondern auch in Form von Belohnungen und Bestrafungen Anreize zur Befolgung der Informationen setzen können.

Im Folgenden sollen die grundsätzlichen Handlungsmöglichkeiten der Verbraucher zur Wahrnehmung ihrer Informations- und Sanktionsfunktion und die Wirkungsbedingungen näher beschrieben werden. Grundlage ist das von Hirschman entwickelte Konzept der Abwanderung und des Widerspruchs (Exit and Voice) gegen den Leistungsabfall in Organisationen (Hirschman 1974).

5.1.1 Abwanderung und Widerspruch

Zur Wahrnehmung dieser Informations- und Sanktionsfunktion stehen den Verbrauchern im Rahmen ihrer reaktiven Verbraucherrolle zwei Arten von Aktivitäten zur Verfügung (Hirschman 1974, Specht 1979): Mobilitäts- (Exit) und Artikulationsaktivitäten (Voice).
Mobilitätsaktivitäten beziehen sich auf die flexible Einkommensverwendung der Verbraucher. Mit der Aufteilung ihres Einkommens auf Produkte, Anbieter und Hersteller selektieren sie aus in der Regel vorgegebenem Angebot nach Maßgabe ihrer jeweiligen Bedürfnisse. Im Fall von Unzufriedenheit kann – je nach anstehendem Problem – ein Wechsel des Produkts, des Anbieters oder des Herstellers zum Einsatz kommen. All diese Aktivitäten werden mit dem Begriff „Abwanderung“ belegt. Abwanderung von Kunden impliziert für Anbieter geringere Erlöse, geringere Gewinne und auf längere Sicht eine Gefährdung der Wettbewerbsposition. Entsprechend erfahren Anbieter, denen die Kaufkraft zufließt, steigende Erlöse, steigende Gewinne und eine Stärkung ihrer Marktposition im Wettbewerb.
In der Literatur werden mit der Kaufverlagerung und der Bedarfsverlagerung zwei Varianten der Abwanderung unterschieden (Scherhorn 1975, 1 ff.). Kaufverlagerung meint den Wechsel des Produkts bzw. des Anbieters aus Gründen, die sich auf das Preis-/Leistungsverhältnis beziehen, ohne Veränderung der Bedarfsstruktur. Sie ist verankert im Konzept der Konsumentensouveränität, welches die am Markt durch offenbarte Zahlungsbereitschaften artikulierten Bedürfnisse zum Maßstab der Bewertung nimmt und damit keinen Anlass sieht, den Beitrag der Marktangebote zur Bedürfnisbefriedigung kritisch zu hinterfragen. Genau darauf stellt die Kategorie der Bedarfsverlagerung ab. Nach diesem explizit normativem Konzept soll Abwanderung als Ergebnis von Bedarfsreflexionen zum Zuge kommen, die sich nicht auf Produkt- und Anbieterwechsel nach Maßgabe von Preis-/Qualitätsvergleichen beschränkt, sondern eine Umstrukturierung der Einkommensverwendung zwischen Märkten bzw. zwischen Bedarfskategorien für notwendig hält. Bedarfsverlagerungen werden normativ mit „Fehlentwicklungen“ im Konsum begründet. Als solche gelten beispielsweise Konsummuster, die als sozial desintegrativ und ökologisch problematisch betrachtet werden: Statusstreben im Konsum mit seinen zugleich differenzierenden und egalisierenden Konsummustern, die das Statusversprechen aufgrund der gesellschaftlichen „Knappheit“ des Guts „Status“ (Hirsch 1980) nicht einlösen und mit ihrer Konsumdynamik zur Verschärfung von Umweltproblemen beitragen. Oder

passive Konsummuster, die das Bedürfnis nach Anregung vor allem aus dem „Besitz von Neuheiten“ zu befriedigen versuchen, ohne zu erkennen, dass deren Reizgehalt durch Gewöhnung, Nachahmung oder neue Marktangebote schnell abnimmt (Scitovsky 1977). Diese hier nur exemplarisch angeführten Begründungen für Bedarfsverlagerung stellen höchste Anforderungen an das Marktverhalten von Konsumenten und verweisen auf die Bedeutung der Bildung als „Anfangsinvestition in konsumspezifisches Humankapital“ (Krol 1988, 166). Ob Konsumenten diesen Anforderungen angesichts begrenzten Wissens und begrenzter Information sowie begrenzter zeitlicher, finanzieller und kognitiver Ressourcen nachkommen können (hierzu: Knobloch 1994, 146ff.), muss hier nicht beantwortet werden, zumal die Grenzen zur Kaufverlagerung fließend sind.
Abwanderung schließt in der Regel Zuwanderung zu neuen Produkten, Anbietern und Märkten ein. Mit Zuwanderung und Zuspruch bzw. Bestätigung als Pro-Artikulationen lassen sich insbesondere Leistungsverbesserungen, auch solche ökologischer und sozialer Art honorieren. Exemplarisch kann auf organisierte „Boykottaktionen“ verwiesen werden, die Konsumenten zur Wahl von „moralkonformen“ Produkten oder Herstellern bewegen wollen (Neuner 1998, 157). Im Falle von Konsumentenzufriedenheit kommt Verbleib zum Zuge.
Wo Mobilitätsaktivitäten nicht zur Anwendung kommen (können), bleiben Artikulationsaktivitäten in Form von Widerspruch und Kritik (Voice). Sie umfassen ein breites Spektrum von Beschwerden gegenüber dem Anbieter, über die Anrufung von Verbraucherorganisationen und Institutionen der Anspruchsdurchsetzung (Schlichtungs- und Schiedsstellen, Gerichte) bis hin zur Mobilisierung der Öffentlichkeit und Organisation von Verbraucherboykotten.

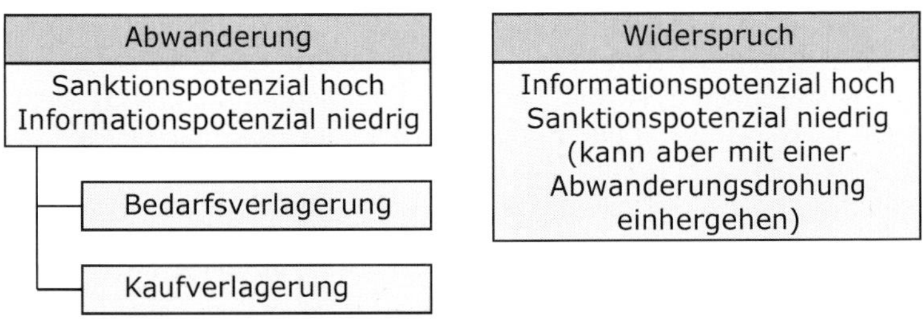

Abb. 5.1.1_1: Abwanderung und Widerspruch

Mobilitätsaktivitäten wirken unmittelbar auf die Gewinne der betroffenen Anbieter, wenn ein gleichgerichtetes Verhalten einer hinreichend großen Zahl von Verbrauchern zu Stande kommt. Sie haben dann ein hohes (und unter Umständen für eine Fehlerkorrektur zu hohes) Sanktionspotenzial, aber nur geringes Informationspotenzial. Hingegen hat Verbraucherkritik ein hohes Informationspotenzial, da sich in ihr die konkrete Ursache der Unzufriedenheit äußert. Eine Verbesserung der Angebotsbedingungen ist aber auf anonymen Märkten nur dann zu erwarten, wenn das hohe Informationspotenzial der Verbraucherkritik mit einer glaubwürdigen Abwanderungsdrohung verbunden werden kann. Diese steigt mit der Verbreitung der Kritik und mit sinkenden (nicht nur pekuniären) Kosten der Abwanderung.

5.1.2 Marktstruktur und Wirkungspotenziale der Verbraucher

Bestehen auf den Märkten keine Wahlmöglichkeiten, liegen also Monopole vor, können Konsumenten mit ihren Einkommensverwendungsentscheidungen nicht oder nur zu unzumutbar hohen Kosten den Anbieter über Unzufriedenheit mit dem Angebot informieren. Ist ein Anbieter auf dem jeweils relevanten Markt ohne Konkurrenten, können Konsumenten Abwanderung nur in Form des Verzichts üben. Häufig ist Verzicht nicht oder nur zu unzumutbar hohen Kosten möglich. So kann ein vollelektrifizierter Haushalt zwar theoretisch seine mit Strom betriebene Heizung gegen eine Öl- oder Gasheizung austauschen, praktisch kann das für diesen Haushalt aber allenfalls zum Ersatzzeitpunkt zum Zuge kommen. Anders sieht das für diejenigen Haushalte aus, die sich als Bauherren für ein Heizungssystem zu entscheiden haben. Diese können zwischen verschiedenen Heizungssystemen wählen.
Fehlende Wahlmöglichkeiten begründen also Positionen von Marktmacht und machen die Waffe der Abwanderung in den Händen der Konsumenten stumpf. Zwar kann im Falle von Unzufriedenheit mit dem Angebot nun Widerspruch und Kritik zum Einsatz kommen, aber da damit wiederum keine glaubwürdige Abwanderungsdrohung verbunden werden kann, muss der Monopolist diese nicht berücksichtigen. Entsprechend gering sind hier die Anreize zu kundenfreundlichem Service, Qualitätsverbesserungen der Produkte sowie Kosten- und Preissenkungen. Dies gilt zumindest so lange, wie Kritik nicht öffentlichkeitswirksam verbreitet wird und zu einer Gefährdung der Unternehmensreputation oder gar zu einer Interventionsdrohung der öffentlichen Hand führt. Bei fehlenden bzw. stark eingeschränkten Wahlmöglichkeiten sind die Anreize für Anbieter gering, Konsumentenpräferenzen zu berücksichtigen. Monopolistische Handlungsspielräume für Anbieter ergeben sich nicht nur angebotsseitig durch eine beispielsweise im Gefolge von Konzentrationsprozessen geringe Zahl von Anbietern. Auch nachfrageseitige Faktoren können zu Positionen von Marktmacht beitragen. So können inflexible und unbewegliche Verbraucher, die beispielsweise auf Preis- und Qualitätsvergleiche verzichten, einem Anbieter eine quasimonopolistische Marktstellung ermögli-

chen. Andererseits kann ein Einkaufszentrum im Vorort für dort ansässige Verbraucher, deren räumliche Mobilität stark eingeschränkt ist, Monopolcharakter bekommen.
Allerdings wird die Ausübung von Marktmacht (quasi-)monopolistischer Anbieter durch Substitutionskonkurrenz und den potenziellen Wettbewerb beschränkt. Substitutionskonkurrenz meint, dass die Ausnutzung des marktmachtbedingten Handlungsspielraums zulasten der Konsumenten potenzielle Neunachfrager unmittelbar und Nachfrager, die kurzfristig nicht ausweichen können, spätestens beim Ersatzzeitpunkt von Produkten in die Arme der Anbieter von Substituten treiben kann (Wechsel des Heizungssystems oder des Autos beim Ersatzzeitpunkt, Wechsel der Autowerkstatt nach Ablauf der Garantiefrist usw.). Potenzieller Wettbewerb meint, dass die Ausnutzung der Marktmacht beispielsweise in Form hoher Preise zunehmende Anreize für den Markteintritt neuer Anbieter freisetzt. Anbieter mit monopolistischer Marktmacht sind gut beraten, ihren Handlungsspielraum z. B. hinsichtlich der Preise nicht voll zulasten der Konsumenten auszunutzen, sondern Preiserhöhungen auf das Maß zu begrenzen, dass der Markteintritt für neue Anbieter unattraktiv bleibt. Die Höhe der Markteintrittsbarrieren auf dem jeweiligen Markt kann damit zu einer weiteren Determinante für die Reaktion (quasi-)monopolistischer Anbieter auf Konsumentenwünsche werden.
Es ist die Aufgabe der Wettbewerbspolitik, Markteintrittsbarrieren gering zu halten und für Wahlmöglichkeiten auf den Märkten zu sorgen. Wo Wahlmöglichkeiten fehlen, wie beispielsweise bei privaten und öffentlichen Monopolen, bleibt dem mit dem Güterangebot unzufriedenen Konsumenten nur die Artikulation von Widerspruch und Kritik. Deren Wirksamkeit ist aber wiederum an die Glaubwürdigkeit der Abwanderungs- oder Interventionsdrohung gebunden, die ihrerseits durch Bündelung, Organisierung und öffentlichkeitswirksame Verbreitung erhöht werden kann. Fehlen Institutionen zur Bündelung und Organisierung, können Anbieter beispielsweise mit Marketingaktivitäten kompensatorische Effekte bewirken, statt eine Verbesserung des Angebots vorzunehmen.
Entscheidend sind letztlich die Anreize für Anbieter zum Leistungswettbewerb. Diese Anreize hängen in anonymen Marktbeziehungen auch davon ab, ob eine hinreichende Zahl von Verbrauchern auf den jeweiligen Märkten überlegene (unbefriedigende) Marktangebote belohnt (bestraft). So kann die Abwanderung eines Nachfragers für einen Baubetrieb mit einer Jahreskapazität von zehn Einfamilienhäusern einen Umsatzeinbruch von 10 % bedeuten. Meidet dieser Kunde, nachdem mehrfach gegenüber Aushilfskräften geäußerte Kritik keine Wirkung gezeigt hat, seinen bisherigen Verbrauchermarkt, bleibt auch dies vermutlich ohne jede Wirkung auf die Angebotsbedingungen. Die Wirksamkeit der Konsumentenreaktion auf vorgegebenes Angebot hängt also von den jeweiligen Marktbedingungen ab. In aller Regel kann eine relativ kleine Zahl flexibler

Konsumenten auf den jeweiligen Märkten – gemessen an der Gesamtzahl der Nachfrager – (positive) externe Effekte für die jeweils inflexiblen, immobilen oder schlicht unbeschwerten Nachfrager entfalten.

5.1.3 Markttransparenz und Wirkungspotenziale der Verbraucher

Die Wahrnehmung der Informations- und Sanktionsfunktion durch Konsumenten ist nicht nur an die Existenz von Wahlmöglichkeiten gebunden, diese müssen den Konsumenten auch bekannt sein. Nun hat die wirtschaftliche Entwicklung insbesondere nach dem Zweiten Weltkrieg die Wahlmöglichkeiten der Konsumenten in den Industrieländern in einem bisher nicht gekannten Ausmaß erhöht. Mit dem Wandel von den Verkäufermärkten, auf denen eine vorauseilende Nachfrage nahezu jedes Angebot aufnahm, hin zu Käufermärkten, auf denen ein vorauseilendes Angebot sich seine Nachfrage durch Ausdifferenzierung des Angebots und beschleunigende Produktinnovationen suchen muss, nimmt die Zahl der Märkte, die Zahl der Produkte auf den Märkten und die Zahl der verbraucherrelevanten Eigenschaftsmerkmale der Produkte in einem Maß zu, die die Wahrnehmungsmöglichkeit der Konsumenten übersteigt. Deren Markttransparenz nimmt ab. Damit wächst das Risiko von Fehlkäufen, beispielsweise in Form entscheidungsbedingter Kaufkraftverluste, wenn Konsumenten das gleiche Gut zu einem geringeren Preis bzw. zu dem gegebenen Preis ein ihren Bedürfnissen besser entsprechendes Gut hätten erwerben können. Somit kann fehlende Transparenz über die finanziellen und qualitativen Eigenschaftsmerkmale der Produkte die erwünschten Selektionsprozesse auf Märkten beeinträchtigen.
Kaufrisiken lassen sich unterschiedlich systematisieren. Die folgende Abbildung unterscheidet nach finanziellen, qualitativen und ökologischen Risiken, wobei die qualitativen Risiken nach Maßgabe ihrer intersubjektiven Vergleichbarkeit in objektivierbare und subjektive Qualitätsrisiken unterschieden sind.

Finanzielle Risiken	Qualitative Risiken		Ökologische Risiken
	Objektivierbare	Subjektive	
• Preise • Finanzierungskosten • Finanzielle Folgebelastungen (Betriebskosten, usw.)	• Funktionalität • Handhabung • Sicherheit • Service • Garantie- und Kulanzregelungen	• Sensorische Risiken • Ästhetische Risiken • Prestige-/ Statusrisiken • Moralische Risiken	Umweltbelastungen (Ressourcenbeanspruchung, Emissionsintensität) • der Produktion • des Verbrauchs • der Entsorgung

Abb. 5.1.3_1: Kaufrisiken
Quelle: IÖB, Universität Münster

Nicht alle diese Risiken sind für alle Kaufentscheidungen gleichermaßen relevant. Ihre jeweilige Bedeutung hängt von der Art des Produkts, aber auch von der Bedeutungszumessung durch Konsumenten ab. Eine hohe subjektive Bedeutsamkeit wenigstens eines dieser Risiken wird als notwendige (aber nicht hinreichende) Bedingung für Informationssuchprozesse der Konsumenten unterstellt. So führen Konsumenten häufiger und intensiver Preisvergleiche bei Produkten mit – gemessen am Einkommen – hohen Preisen durch, während bei geringwertigen Gütern Preis- (und Qualitäts-)vergleiche in der Regel unterbleiben, es sei denn, diesen käme aus anderen Gründen eine hohe subjektive Bedeutung zu. Das Informationsproblem stellt sich nun für die Anbieter auf der einen und die Konsumenten auf der anderen Seite höchst unterschiedlich dar.
Bei den Anbietern fallen Produktinformationen quasi als Nebenprodukt der Produktion an. Auf dem Weg der Marktkommunikation geben sie den Teil der Information in geeigneter Form weiter, von dem sie sich eine absatzfördernde Wirkung erwarten und halten andere, für Verbraucher potenziell relevante Informationen zurück (strategisches Informationsverhalten). Konsumenten erhalten über die Marktkommunikation für sie bedeutsame, aber doch unvollständige Informationen. In analytischer Kontrastierung kann das Problem der Markttransparenz auch so beschrieben werden, dass die Konsumenten – auf sich allein gestellt und mit im Vergleich zu den Anbietern geringerer Informationskapazität – einen vergleichsweise höheren Informationsbedarf haben, weil für sie Informationen über die Eigenschaftsmerkmale aller in den Begehrskreis fallenden Produkte potenziell bedeutsam sind. Im Ergebnis ergibt sich eine unaufhebbare, aber gleichwohl entschärfungsbedürftige unzureichende Markttransparenz der Konsumenten.

Hier gewinnen (anbieterunabhängige) Verbraucherinformationen und Verbraucheraufklärung ihre Bedeutung. Da Information heute kostbar und ihre Gewinnung kostspielig ist, können Verbraucherinformationen über wichtige Eigenschaftsmerkmale der Produkte die Kosten der Informationsgewinnung für Konsumenten senken und damit das Risiko von Fehlentscheidungen verringern. Gleichzeitig können die Selektionsprozesse auf Märkten dazu führen, dass auch die Konsumenten vor Marktrisiken geschützt werden, die sich ihrer gar nicht bewusst waren.

5.1.4 Marktverhalten und Wirkungspotenziale der Verbraucher

Der ökonomische Denkansatz unterstellt, dass die Artikulation der Dringlichkeit der Bedürfnisse in einer komplexen Gesellschaft am besten durch die am Markt artikulierten Zahlungsbereitschaften der Bedarfsträger selbst erfolgt. Dies schützt auf der einen Seite vor autoritären Festlegungen von Bedarfsprioritäten, sei es durch den Staat, sei es durch politische, wissenschaftliche oder sonstige Eliten.
Andererseits ist diesem Ansatz normativ ein hohes Maß an selbstbestimmtem Handeln der Konsumenten unterlegt. Insbesondere wird ein hinreichender Grad an Autonomie gegenüber vorgegebenen Marktangeboten unterstellt. Zwar unterliegen Konsumentenentscheidungen dem Einfluss durch das moderne Marketinginstrumentarium, aber es wird davon ausgegangen, dass Mobilitäts- und Artikulationsaktivitäten unbefriedigende Angebote vom Markt verdrängen. Hierfür ist es nicht nötig, vom Zerrbild eines jeweils vor dem Kauf vollständig informierten Konsumenten auszugehen (vgl. Abbildung a_5.1.4_1 im Anhang und Abschnitt 5.3.1).
Kaufentscheidungen lassen sich nach Maßgabe der Informationsaktivitäten, des Planungsaufwands und des subjektiven Risikoempfindens vor dem Kauf in Spontankäufe, Gewohnheitskäufe, vereinfachte Kaufentscheidungen und extensive Kaufentscheidungen unterscheiden. Umfassend reflektierte und aufwändig vorbereitete, extensive Kaufentscheidungen finden nur vergleichsweise selten statt.
Marktentscheidungen sind für Konsumenten immer mit Kosten verbunden. Verzichten Konsumenten darauf, sich vor dem Kauf zu informieren, steigt das Risiko eines Fehlkaufs und die Kosten fallen in Form der entgangenen, aber als vorteilhafter empfundenen Alternative an. Informationen vor dem Kauf verringern das Risiko von Fehlkäufen, bedeuten aber höhere Kosten der Entscheidung selbst (Kosten der Informationsgewinnung, des Abwägens von Alternativen und unter Umständen der Durchführung der Kaufentscheidung). Hinzu kommt, dass auf dynamischen Märkten ein schnelles Veralten des mit hohen Kosten verbundenen Wissens stattfindet.

Die Konsumentenrolle konkurriert mit anderen Rollen. Die Konsumzeit konkurriert mit anderen Zeitverwendungen, die in der Summe nicht vermehrbar sind. Mit zunehmender Konsumgüterausstattung nimmt die pro Konsumgut verfügbare Zeit ab. Dies gilt in besonderem Maß für diejenigen, die sich eine höhere Konsumgüterausstattung nur durch eine Verlängerung der Erwerbsarbeitszeit leisten können. Bei insgesamt gegebenem Zeitbudget und begrenzter Informations- und Entscheidungskapazität (Kuhlmann 1990, 42ff.) streben Konsumenten nach Verringerung von Entscheidungsbelastung.
Unter diesen Bedingungen kann die Herausbildung von Gewohnheiten ein effizienter Weg sein, um mit Verbraucherrisiken in einer mäßig dynamischen Umwelt umzugehen. Verbraucherinformation kann individuell vorteilhafte und wettbewerbspolitisch wünschbare Gewohnheitsbildungen stützen, Verbraucheraufklärung und gegebenenfalls Verbraucherschutz kann problematische Gewohnheitsbildungen infrage stellen. Berücksichtigt man, dass kein Konsument alle Käufe umfassend reflektiert organisieren kann, aber alle Verbraucher in bestimmten, aber jeweils unterschiedlichen und für sie besonders bedeutsamen Marktsegmenten reflektiert entscheiden, kann die konsumentengesteuerte Selektionswirkung auf Märkten auch dann zum Tragen kommen, wenn umfassend reflektierte Kaufentscheidungen eher die Ausnahme als die Regel sind.

5.2 Institutioneller Rahmen: Grundzüge des Verbraucherrechts

Für eine Analyse der Stellung von Privaten Haushalten im Wirtschaftsgeschehen ist neben einer Betrachtung ihrer ökonomischen Aktivitäten sowie der Bedingungsfaktoren des Verbraucherverhaltens und neben einer Analyse der Zusammenhänge des Marktgeschehens sowie der Preisbildung auch eine Auseinandersetzung mit den Grundzügen des Verbraucherrechts zu führen. Dies soll in diesem Unterkapitel erfolgen. Ziel ist es, das Verbraucherrecht in seinen Grundzügen darzustellen und zu beurteilen sowie die zentralen Zusammenhänge zwischen der Wirtschaftsordnung und der Rechtsordnung deutlich zu machen.

Nach der Grundidee der Konsumentensouveränität bedarf es in marktwirtschaftlichen Systemen für gut informierte und zu flexiblen Reaktionen fähige Verbraucher wenig spezifischer verbraucherrechtlicher Regelungen, welche über die Garantie der Funktionsfähigkeit wettbewerblich organisierter Märkte hinausgehen. In Abschnitt 5.2.1 soll die gestiegene Bedeutung von Verbraucherrecht bei einer wachsenden Komplexität moderner Märkte in den Blick genommen werden. Im Anschluss sollen die wichtigsten Bereiche und Zielsetzungen des Verbraucherrechts diskutiert werden. Die Herausforderung besteht darin, aus der Vielzahl und Heterogenität verbraucherrelevanter Rechtsgebiete wie Lebensmittelrecht, Werkvertragsrecht, Baurecht, Dienstvertragsrecht, Gewährleistungsrecht, Mietrecht, Bankenrecht, Darlehensrecht, Versicherungsrecht, Reisevertragsrecht u. v. m. die grundlegenden, bereichsübergreifenden und für die Verbraucher bedeutsamsten Regelungen herauszugreifen. Dazu zählen das Kauf- und Schuldrecht (vgl. 5.2.2 bis 5.2.6) sowie das Insolvenzrecht (vgl. 5.2.7).

Zentrale verbraucherrechtrelevante Regelungen wie das Kaufvertragsrecht, das Widerrufsrecht, die Kundeninformationspflichten sowie das Garantie- und Gewährleistungsrecht finden sich seit jeher im Kauf- und Schuldrecht. Dieses Recht verteilte sich über das allgemeine bürgerliche Recht im Bürgerlichen Gesetzbuch (BGB) sowie über mehrere einschlägige Spezialgesetze. Nun erfuhr das seit mehr als 100 Jahren Geltung beanspruchende bürgerliche Recht zum 1. Januar 2002 zum Teil gravierende Änderungen. Diese Reform wurde insbesondere durch die notwendige Umsetzung der im Mai 1999 beschlossenen EU-Richtlinie für Verbrauchsgüter und Garantien angeregt. Diese Änderungen betreffen praktisch das ganze Vertragsrecht (Kaufrecht, Werkvertragsrecht, Gewährleistungsregelungen) einschließlich Verjährungsfristen. Ferner werden spezielle Verbrauchergesetze wie das Verbraucherkreditgesetz, das Fernabsatzgesetz (relevant für E-Commerce, den so genannten „B2C"-Handel im Internet), das Haustürwiderrufsgesetz und das AGB-Gesetz in das BGB überführt. Lernziel der Abschnitte 5.2.2 bis 5.2.7 ist es nun, die wichtigsten Säulen des Kauf- und Schuldrechts in ihren neuen Regelungen darzulegen und in seinen Konsequenzen beurteilen zu können. Eine weitere zentrale und steigende verbraucherrechtrelevante Problematik bei Zunahme des bargeldlosen Zahlungsverkehrs durch Nutzung der Kreditkarte oder Zahlungsmöglichkeiten per Handy oder Internet stellt die Überschuldung der Privaten Haushalte dar. Abschnitt 5.2.7 trägt der sich verschärfenden Überschuldungsproblematik Rechnung, indem die relevanten Neuregelungen zur Insolvenzordnung diskutiert werden, welche sich insbesondere in einem neuen Verbraucherinsolvenzverfahren niederschlagen.

5.2.1 Gestiegene Bedeutung des Verbraucherrechts

In modernen Gesellschaften gewinnt das Verbraucherrecht gleichsam mit Fragen der Stellung des Verbrauchers gegenüber dem Anbieter eine wachsende Bedeutung. Die Ursachen hierfür sind vielschichtig.

Zum einen wächst mit steigendem Wohlstand das Bewusstsein für die Stellung und Position des Verbrauchers. Während in der bundesdeutschen Nachkriegszeit bei den Konsumenten das Hauptaugenmerk auf der Verbesserung ihrer Versorgungslage lag und Zweifel an ihrer Position im Wirtschaftsleben eher nachrangig waren, drehte sich die politische Diskussion in den auf das „Wirtschaftswunder" folgenden Jahren um die Stellung des Verbrauchers gegenüber der Angebotsseite. Einiges deutet also darauf hin, dass der Bedarf nach Verbraucherrecht ein superiores Gut darstellt, welches mit steigendem Einkommen überproportional nachgefragt wird.

Zum anderen ist die Organisationsfähigkeit von Verbraucherinteressen gegenüber der Anbieterseite gering, was sich gerade auch auf modernen, sich zunehmend internationalisierenden Märkten bemerkbar macht. Ursachen der schwachen Organisierbarkeit von gesamtwirtschaftlich orientierten Konsumenteninteressen sind die Vielzahl und Heterogenität der Verbraucherwünsche. Demgegenüber erhöhen recht homogene Partikularinteressen (z. B. Kostensenkung) kleinerer Anbietergruppen (z. B. Automobilanbieter) deren Organisationsfähigkeit. Ferner stellt die Organisation von Konsumenteninteressen ein öffentliches Gut dar, was die Anreize mindert, sich für allgemeine Verbraucherangelegenheiten einzusetzen. Allerdings sind in Deutschland die Möglichkeiten der Anspruchsdurchsetzung von Konsumenteninteressen durch die Bildung des Ministeriums für Verbraucherschutz, Ernährung und Landwirtschaft im Januar 2001 mit der expliziten Zielsetzung eines vorsorgenden Verbraucherschutzes gestärkt worden.

Weiterhin ist die Transparenz des Verbrauchers in funktional ausdifferenzierten und globalisierten Marktwirtschaften systematisch eingeschränkt. Das klassisch liberale Leitbild der Konsumentensouveränität konnte noch

davon ausgehen, dass die Verbraucher neben ihren jeweiligen Bedürfnisstrukturen die zur Bedürfnisbefriedigung geeigneten Güter und Dienstleistungen kennen und so (über ihre Einkommensverwendung) die Produktion in die von ihnen gewünschte Richtung lenken. In diesem Sinn ist der Konsument der „Souverän" einer wettbewerblich organisierten Marktwirtschaft: Seine Nachfrage entscheidet über die Aufteilung der Produktionsfaktoren auf verschiedene Verwendungen (Allokation). Heute ist der Verbraucher immer weniger in der Lage, die zahlreichen Angebote nach Preis und vor allem nach Qualität zu beurteilen. Dieses Problem ergibt sich aus der Tatsache, dass (auch geringwertige) Güter immer weniger die Eigenschaften eines Suchguts aufweisen, über deren relevante Gutseigenschaften man sich vor dem Kauf umfassend informieren kann. Güter der modernen Gesellschaft haben zunehmend die Eigenschaften eines Erfahrungsguts oder gar eines Vertrauensguts, deren Qualitätsmerkmale – wenn überhaupt – erst nach zeitaufwändigem wiederholten Gebrauch feststellbar sind (vgl. 5.3.2). Um den Verbraucher vor missbräuchlichem Ausnutzen der Informationsvorsprünge seitens des Anbieters zu schützen (und letztlich die Funktionsfähigkeit der Marktwirtschaft zu gewährleisten), sind betrugsverhindernde und vertrauensfördernde Verbrauchergesetze erforderlich.
Last but not least ist im Verbraucherrecht ein gewisses Hinterherhinken der rechtlichen Regelungen gegenüber realwirtschaftlichen Entwicklungstendenzen wie der politischen und wirtschaftlichen Integration in Europa und der zunehmenden Virtualisierung der Märkte zu beobachten. Diese Lücken sind dann jeweils durch neues Verbraucherrecht zu schließen, was derzeit in hohem Maß geschieht: So musste die EU-Richtlinie für den Verbrauchsgüterkauf und Garantien bis zum 01.01.2002 in nationales Recht umgesetzt werden, was zur unten diskutierten Novelle des Bürgerlichen Gesetzbuches (BGB) führte. In dieser Novelle wird auch der Virtualisierung der Märkte mit den Regelungen der Rechte und Pflichten im elektronischen Geschäftsverkehr erstmals umfassend Rechnung getragen und neu ins BGB aufgenommen.

5.2.2 Kaufvertrag

Die Qualifizierung eines Vertrags als Kaufvertrag ist dann gegeben, wenn eine Sache gegen Zahlung übereignet bzw. ein Recht gegen Zahlung übertragen werden soll (§433 BGB). Der Kaufvertrag wird also bestimmt durch den Austausch von Ware und Geld. Der Kaufvertrag kommt zu Stande durch Angebot und Annahme. Dabei handelt es sich um zwei inhaltlich übereinstimmende Willenserklärungen, die mit Bezug aufeinander abgegeben werden.

Voraussetzung für die wirksame Abgabe einer Willenserklärung ist die Geschäftsfähigkeit. Damit wird die Fähigkeit umschrieben, Rechtsgeschäfte für sich wirksam vornehmen zu können. Diese Fähigkeit wird rechtlich eingeschränkt, weil die Rechtsetzungsmöglichkeit des Einzelnen nur dann als sinnvoll angesehen wird, wenn der Betreffende die Folgen seiner rechtsgeschäftlichen Erklärungen verstehen und einschätzen kann (wozu es eines Mindestmaßes an Einsichtsfähigkeit und Urteilsvermögen bedarf). Der nicht voll Geschäftsfähige soll davor geschützt werden, sich aufgrund mangelnder Einsichtsfähigkeit beim Geschäftsabschluss selbst zu schädigen (Verbraucher- bzw. Kinder- und Jugendschutz vor Vertrauensschutz des Geschäftsverkehrs).
So sind Kinder unter sieben Jahren geschäftsunfähig, während Minderjährige zwischen sieben und 18 als beschränkt geschäftsfähig gelten (§§107-113 BGB). Rechtsgeschäfte wie Kaufverträge bei beschränkt Geschäftsfähigen sind schwebend unwirksam. Schließt z. B. ein Minderjähriger ohne elterliche Zustimmung einen Kaufvertrag ab, so ist dieser von Anfang an wirksam, wenn die vertragsmäßige Leistung mit Mitteln bewirkt wird, die ihm zu diesem Zweck oder zu freier Verfügung von den Eltern (bzw. von den gesetzlichen Vertretern) überlassen werden („Taschengeldparagraf"). Wird dieses Budget überschritten und liegt keine Einwilligung der gesetzlichen Vertreter vor, ist der Kaufvertrag unwirksam. Bei größeren Käufen dürfte es daher für Hersteller bzw. Händler ratsam sein, bei Geschäften mit Minderjährigen auf Zustimmung der Eltern zu bestehen, da ansonsten die Gefahr besteht, dass sie auf den Kosten der Rückabwicklung hängen bleiben. Falls ein Bedürfnis dafür besteht, den Minderjährigen eine größere Selbstständigkeit einzuräumen, kann die beschränkte Geschäftsfähigkeit (bis zum Widerruf) durch die gesetzlichen Vertreter/Eltern erweitert werden (z. B. Ermächtigung des Minderjährigen für den Beginn eines Dienst- oder Arbeitsverhältnisses).
Der Kaufvertrag ist in der Regel formfrei abschließbar. Auch virtuelle Abschlüsse sind wirksam: Im neuen Recht ist geregelt, dass entsprechende Willenserklärungen durch den Computer abgegeben werden. Der Käufer gibt durch Klicken des „Bestellung-Buttons" eine rechtlich verbindliche Erklärung ab. Inhalt dieser Erklärung ist, einen Kaufvertrag mit dem Anbieter über das gewählte Produkt schließen zu wollen. Der Anbieter nimmt das Vertragsangebot entweder durch Zusendung einer Auftragsbestätigung oder durch Lieferung der Ware an. Damit ist der Kaufvertrag zu Stande gekommen. Dementsprechend sind auch Kaufverträge verbindlich, die per Mausklick bei einer Internet-Auktion geschlossen werden. Dies kann auch zum Vorteil des Verbrauchers gereichen, wie ein nunmehr bekanntes Urteil des Bundesgerichtshofs (BGH) in Karlsruhe verdeutlicht: Vom Verkauf eines Autos per Internet-Auktion wollte der Verkäufer zurücktreten, weil ihm der gebotene Preis zu niedrig erschien. Da er aber keinen Mindestpreis verlangt hatte, war nach Argumentation des

BGH mit dem virtuellen Höchstgebot des Nachfragers ein wirksamer Kaufvertrag zu Stande gekommen.
Ein schriftlicher Abschluss von Kaufverträgen ist erforderlich bei speziellen Geschäften wie z. B. beim Grundstückskauf (notarielle Beurkundung erforderlich) oder bei Teilzahlungs- und Haustürgeschäften. Für Verbraucher empfiehlt sich aber meist auch bei anderen Geschäften ein schriftlicher Abschluss, um bei späteren eventuell auftretenden Konflikten die Beweisführung zu erleichtern.

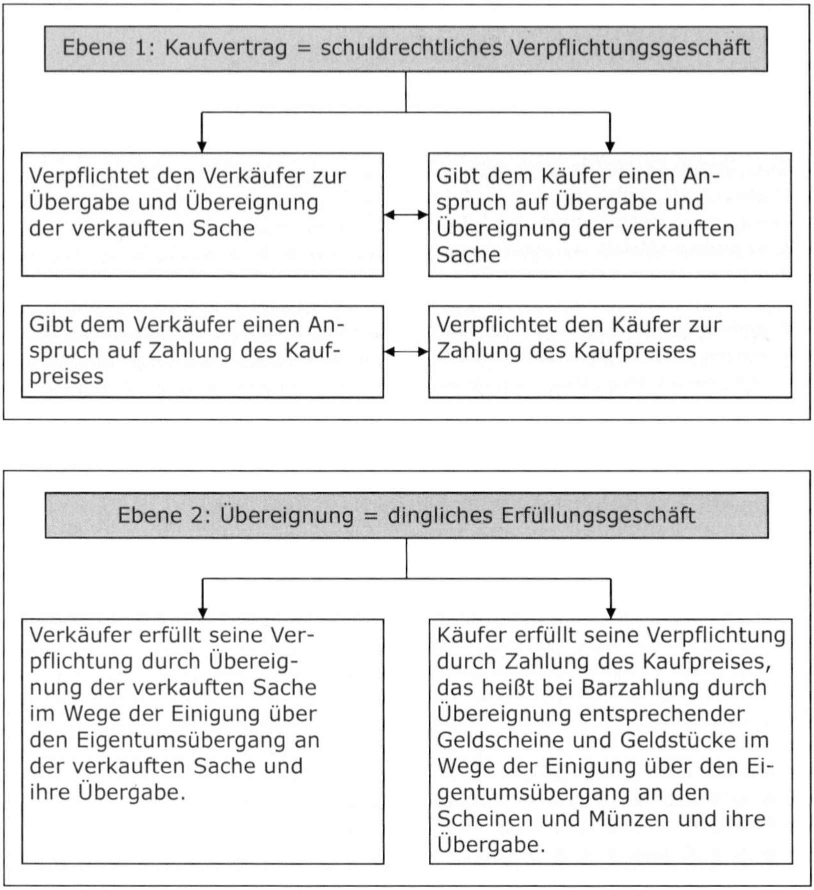

Abb. 5.2.2_1: Kaufvertrag
Quelle: nach: Otte, G. (Hg.) (1986): Einführung in das Bürgerliche Recht, Heidelberg: C. F. Müller, 25

Als große Schwierigkeit erweist sich häufig die Abgrenzung von Kaufverträgen zu anderen Verträgen wie Werkverträgen, welche für die resultierenden Rechte und Pflichten der Vertragspartner maßgeblich ist. Dies betrifft insbesondere die Einordnung von Online-Verträgen. Unproblematisch ist deren Zuordnung als Kaufvertrag, wenn lediglich der Vertragsschluss im Internet stattgefunden hat, die Abwicklung aber herkömmlich erfolgt, wie etwa bei der Online-Bestellung von Büchern und CDs. Hingegen wird das Herunterladen von Software gegen Entgelt nur dann als Kauf qualifiziert, wenn es sich um Standardware mit einer zeitlich unbegrenzten Nutzungsüberlassung gegen eine einmalige Vergütung handelt. Wenn EDV-Programme allerdings nicht standardisiert sind, stellen sie keine Kaufgegenstände, sondern Werkleistungen dar. Diese Abgrenzungsproblematik und das resultierende Erfordernis einer genauen Analyse der technischen Zusammenhänge spielt allerdings für den Unternehmensbereich eine größere Rolle als für den Bereich Private Haushalte.

5.2.3 Widerruf

Im Grundsatz gilt, dass einmal unterschriebene Verträge eingehalten werden müssen. Von einem wirksamen Kaufvertrag kann der Käufer auch aus dem Grund nicht zurücktreten, dass er den Kaufpreis nicht aufbringen kann. Jedoch gibt es aus Verbraucherschutzgründen wohl definierte Ausnahmefälle von dieser Regel. Diese Verbraucherschutzrechte waren bislang vor allem im „Gesetz über den Widerruf von Haustürgeschäften und ähnlichen Geschäften“ (für Haustürgeschäfte) als auch im Fernabsatzgesetz (für Online-Geschäfte) beschrieben. Beide Gesetzesregelungen sind nunmehr systematisch in das BGB integriert (neu: §312 ff. BGB).
Für Haustürgeschäfte gilt nunmehr: Wenn ein Vertreter einen Verbraucher in seiner Wohnung oder an seinem Arbeitsplatz besucht und ihn dort zum Abschluss eines Vertrags überredet, lässt sich der Vertrag widerrufen. Der Widerruf muss keine Begründung enthalten und schriftlich, auf einem anderen dauerhaften Datenträger oder durch Rücksendung der Sache innerhalb von zwei Wochen (alte Regelung: eine Woche) erfolgen; zur Fristwahrung genügt die rechtzeitige Absendung. Danach ist der Verbraucher nicht mehr an seine auf den Vertragsabschluss gerichtete Willenserklärung gebunden.
Voraussetzung für einen rechtswirksamen Widerruf ist allerdings, dass der Verbraucher geltend machen kann, er sei überrumpelt bzw. überrascht worden. Falls also der Vertreter vorher angerufen und gefragt haben sollte, ob er einmal vorbeikommen und sein Sortiment vorstellen dürfe, besteht kein Recht zum Widerruf. Dasselbe gilt, falls der Verbraucher von einem Marktstand aus oder bei einem Volksfest angesprochen

bzw. zum Kauf überredet wird. Derlei Techniken werden in solchen Kontexten nämlich als üblich und nicht als überraschend interpretiert. Das Widerrufsrecht intendiert allein, den Verbraucher vor Überraschungen zu schützen. Allerdings wird dies recht großzügig interpretiert und zugunsten des Verbrauchers ausgelegt. So wird nach gängiger Rechtspraxis regelmäßig der Überrumpelungscharakter bei Abschlüssen von Verträgen auf so genannten Freizeit-Veranstaltungen („Kaffee-Fahrten"), auf der Straße bzw. in öffentlichen Verkehrsmitteln und selbst in Ladengeschäften, in die der Verbraucher durch einen „Anreißer" gelockt wird, unterstellt.
Demgegenüber können bei Online-Geschäften Verträge über Waren nunmehr innerhalb von 14 Tagen (ab Lieferung) ohne Angabe von Gründen widerrufen werden. Faktisch bedeutet dies, dass der Vertrag diese zwei Wochen in der Schwebe ist und der Händler mit einer Rücksendung der Ware beziehungsweise Stornierung der bestellten Leistung rechnen muss. Allerdings dürfen dem Verbraucher bei einer Bestellung bis zu 40 € die regelmäßigen Kosten der Rücksendung vertraglich auferlegt werden (es sei denn, dass die gelieferte Ware nicht der bestellten entspricht). Dadurch wird das Widerrufsrecht des Verbrauchers de facto eingeschränkt. Die Widerrufsfrist von zwei Wochen verlängert sich, wenn der Händler seinen Informationspflichten nicht nachgekommen ist.

5.2.4 Informationspflichten

Gerade weil hinsichtlich der Informationsregelungen im wachsenden Internet-Handel erhebliche Lücken existierten, sind in den Jahren 2000 und 2001 zahlreiche Kundeninformationspflichten neu geregelt worden. Das Gros der entsprechenden Vorschriften findet sich zum Teil im BGB und zum Teil in der Verordnung über die Informationspflichten nach bürgerlichem Recht (BGB-Info-V). In der BGB-Info-V werden die Informationspflichten spezifiziert für Fernabsatzverträge, Verbraucherverträge, Verträge im elektronischen Zahlungsverkehr sowie für Reiseveranstalter und Kreditinstitute.
Wegen der zunehmenden Relevanz, der Neuartigkeit und den bisherigen Regelungslücken soll hier auf die Informationsbestimmungen für den Internet-Handel eingegangen werden. Einschlägig hierfür sind die (größtenteils aus dem Fernabsatzgesetz übernommenen) Regelungen für Fernabsatz-Verträge: Fernabsatzverträge sind Verträge über die Lieferung von Waren oder über die Erbringung von Dienstleistungen, die zwischen einem Unternehmer und einem Verbraucher unter ausschließlicher Verwendung von Fernkommunikationsmitteln abgeschlossen werden. Nunmehr muss der Unternehmer den Verbraucher vor Abschluss eines Online-Vertrags mindestens informieren über:

- seine Identität und Anschrift,
- wesentliche Merkmale der Ware oder Dienstleistung sowie darüber, wie der Vertrag zu Stande kommt,
- Mindestlaufzeit des Vertrags bei dauernder Leistung,
- einen Vorbehalt, eine in Qualität und Preis gleichwertige Leistung zu erbringen, und einen Vorbehalt, die versprochene Leistung im Fall ihrer Nichtverfügbarkeit nicht zu erbringen,
- den Preis der Ware einschließlich aller Steuern und sonstiger Preisbestandteile, gegebenenfalls zusätzlich anfallende Liefer- und Versandkosten; Einzelheiten hinsichtlich der Zahlung und der Lieferung oder Erfüllung,
- Bestehen eines Widerrufs- oder Rückgaberechts,
- Kosten, die dem Verbraucher durch die Nutzung der Fernkommunikationsmittel entstehen, sofern sie über die üblichen Grundtarife hinausgehen,
- Gültigkeitsdauer befristeter Angebote, insbesondere hinsichtlich des Preises.

Ferner muss dem Verbraucher bei Rechtsgeschäften im Internet jederzeit Zugriff auf die zum Zeitpunkt des Vertragsabschlusses gültigen Allgemeinen Geschäftsbedingungen (AGB) ermöglicht werden. Die AGB müssen mühelos lesbar, übersichtlich und vor allem einfach abzurufen sein. Dementsprechend hat der Unternehmer dem Verbraucher weitere Informationen in Textform und in einer hervorgehobenen und deutlich gestalteten Form mitzuteilen. Dazu zählen Informationen über die Bedingungen, Einzelheiten der Ausübung und Rechtsfolgen des Widerrufs- oder Rückgaberechts sowie über den Ausschluss des Widerrufs- oder Rückgaberechts, die Anschrift der Niederlassung des Unternehmers, bei der der Verbraucher Beanstandungen vorbringen kann, Informationen über Kundendienst und geltende Gewährleistungs- und Garantiebedingungen sowie die Kündigungsbedingungen bei Verträgen, die ein Dauerschuldverhältnis betreffen. Sind diese Informationspflichten nicht erfüllt, kann davon ausgegangen werden, dass Anbieter, Ware, Preis und/oder Versandkosten nicht genau benannt worden sind. Dann kann der Verbraucher binnen einer Frist von sechs Monaten ohne Begründung widerrufen.

5.2.5 Garantie

Ein weiterer zentraler Bestandteil des Kauf- und Schuldrechts sind die Regelungen hinsichtlich der Fehlerhaftung für eine gekaufte Sache. Dabei werden Gewährleistung und Garantie unterschieden: Garantie ist das vom Verkäufer oder vom Hersteller dem Endverbraucher vertraglich gewährte Recht, ungeachtet der Haftung des Verkäufers, innerhalb einer bestimmten Garantiefrist auftretende Mängel am Kaufgegenstand zu beheben. Demgegenüber meint das Gewährleistungsrecht die gesetzliche Verpflichtung des Händlers bzw. Verkäufers oder im Einzelfall des Herstellers, Mängel am Kaufgegenstand zu beheben. Für beide Haftungsarten sind durch die Transformation der EU-Richtlinie über den Verbrauchsgüterkauf und Garantien in nationales Recht seit 2002 geänderte Regelungen in Kraft, die den Verbraucherinteressen stärker als bislang Rechnung tragen sollen.
Zunächst soll hier auf die Regelungen zur freiwilligen Haftung eingegangen werden: Den Anbietern von Garantien wird eine gewisse Transparenzverpflichtung auferlegt. Die Garantie muss in einfachen und verständlichen Formulierungen den Inhalt der Garantie und die wesentlichen Angaben (Dauer, räumlicher Geltungsbereich) enthalten, die für die Inanspruchnahme der Garantie notwendig sind. Eine Verletzung dieser Transparenzpflicht berührt in keinem Fall die Gültigkeit der Garantie.
Zudem ist bedeutsam, dass nicht mehr allein die Garantieerklärung, sondern auch die in der Werbung genannten Qualitätseigenschaften vom Händler und/oder Hersteller den Inhalt und Umfang der Garantie konkretisieren. Der Verbraucher kann sich hierauf berufen. Zu vermuten ist daher, dass Werbeaussagen zurückhaltender sein werden, wenn sie auch für die Feststellung der Fehlerhaftigkeit eines Produkts herangezogen werden können. Verbraucht beispielsweise das Auto neun Liter Normalbenzin statt der in Prospekten herausgestellten fünf Liter, gilt dies als Sachmangel und berechtigt den Fahrzeughalter zu Ansprüchen gegenüber dem Händler oder Hersteller. Dadurch kann die Eignung von Werbung als glaubwürdiger und verlässlicher Qualitätsindikator erhöht werden.

5.2.6 Gewährleistung

Unter Gewährleistung wird das gesetzlich verankerte Recht verstanden, vom Vertragspartner ein Einstehen für Mängel an der Sache fordern zu können. Der Verkäufer bzw. Hersteller („Übergeber") kann dieses Recht gegenüber einem Verbraucher nicht – etwa durch („kleingedruckte") Klauseln in den Allgemeinen Geschäftsbedingungen – beschränken. Der Übergeber muss Verbesserung oder Austausch kostenlos und in angemes-

sener Frist erbringen. Gelingt dies nicht, kann der Konsument Preisminderung oder Vertragsauflösung durchsetzen.
Bei der Gewährleistung als gesetzlich vorgeschriebene Haftung sind seit dem 1. Januar 2002 die Rechte privater Konsumenten beim Kauf von Verbrauchsgütern in mehreren Punkten gestärkt worden. Der erste Punkt betrifft die Fristigkeit. Der Verkäufer für mangelhafte Produkte muss zwei Jahre (zuvor: sechs Monate) lang haften und in dieser Zeit kostenlos nachbessern bzw. Ersatz liefern (siehe unten). Bei Mangelhaftigkeit des gekauften Produkts tritt zudem innerhalb der ersten sechs Monate eine Beweislastumkehr ein: Nicht mehr der Verbraucher hat den (meist mühsamen) Beweis zu erbringen, dass der Mangel schon beim Kauf existiert hat, vielmehr muss der Händler belegen, ein einwandfreies Produkt verkauft zu haben. Tritt der Mangel erst nach mehr als sechs Monaten in Erscheinung, so muss, wie bisher, der Kunde beweisen, dass die Ware schon beim Kauf fehlerhaft gewesen ist.
Neben den Neuerungen der Fristverlängerung und der Beweislastumkehr wurden auch die Mängelrechte des Käufers erheblich erweitert. Diese Rechte umfassen:

- Verbesserung (Übergeber beseitigt den Mangel z. B. durch eine Reparatur),
- Austausch (Übergeber tauscht das mangelhafte gegen ein funktionsfähiges Produkt),
- Wandlung (Geld zurück und Ware zurück),
- Preisminderung.

Die Ansprüche des Käufers bei fehlerhafter Ware richten sich zunächst auf kostenfreie Reparatur oder auf Ersatzlieferung eines einwandfreien Produkts. Die dabei anfallenden Kosten für Transport, Arbeitsleistung und Materialien muss der Händler (bzw. Hersteller) tragen. Erst wenn Reparatur und Ersatzlieferung zweimal scheitern oder nicht zumutbar sind, kann der Käufer weitere Rechte geltend machen. Die dritte Variante, Rückzahlung des Kaufpreises gegen Rückgabe des Produkts, kann der Kunde allerdings nicht verlangen, wenn der Fehler nur geringfügig ist. Hier bleibt ihm bei Scheitern von Reparatur und Ersatzlieferung letztlich nur die Reduzierung des Kaufpreises.
Gerade weil nun die lange Zeit in Deutschland geltenden Gewährleistungsregelungen innerhalb der EU den niedrigsten Standard aufwiesen, werden die von sechs Monaten auf zwei Jahre hinaufgesetzten Gewährleistungspflichten, die Beweislastumkehr und die gestärkten Mängelrechte für Hersteller und Handel spürbar sein. Insbesondere Übergeber mit hohem Grad an Endverbrauchern wie Automobilhersteller, Verkäufer von gebrauchten Automobilen und Computerhändler sind zu nennen. Eine Mehrbelastung dieser Übergeber wird nicht zu vermeiden sein, denn sie

müssen damit rechnen, dass die Verbraucher beim Umgang mit ihren Produkten ein geringeres Sorgfaltsniveau an den Tag legen werden. Fraglich ist damit aber letztlich, inwiefern die neuen Regelungen unbeschadet ihres Ziels des erhöhten Verbraucherschutzniveaus die Stellung des Konsumenten wirklich stärken. Die erhöhten Risiken und die eingeschränkten Dispositionsfreiheiten der Händler werden mit hoher Wahrscheinlichkeit durch Preiserhöhungen auf die Verbraucher umgelegt bzw. weitergegeben.
Zu erwarten steht, dass der resultierende Kostendruck auch Auswirkungen auf die Vertragsbeziehungen zwischen Herstellern, Händlern und Lieferanten nach sich ziehen wird. Zwar werden diese Verbindungen nicht unmittelbar von den neuen sich auf den Verbraucher beziehenden Regelungen erfasst. Gleichwohl sind Rückwirkungen wie die Berücksichtigung von Regressansprüchen der Händler gegenüber den Herstellern abzusehen. So könnte es aus der Sicht des Handels ratsam sein, bestimmte Klauseln in ihre Verträge mit den Herstellern aufzunehmen, die den Regress im Fall von unkorrekten Eigenschaftsangaben durch den Hersteller regeln.

5.2.7 Insolvenzrecht

Eine weitere zentrale verbraucherrechtrelevante Problematik stellt die Überschuldung der Privaten Haushalte dar. Als überschuldet gilt ein Haushalt, wenn er (nach Auflösung seiner Reserven) mit seinem laufenden Einkommen seinen Zahlungsverpflichtungen nicht mehr vollständig nachkommen kann, selbst wenn er seine Lebenshaltung einschränkt. Nach aktuellen Studien war von 1994 bis 2000 ein sprunghafter Anstieg von gut zwei Millionen auf über 2,7 Mio. überschuldeter Haushalte zu verzeichnen. Davon gelten im Osten nun mindestens 870.000 Haushalte als überschuldet, was 12,5 % der ostdeutschen Bevölkerung entspricht (Zimmermann 2000, Deutscher Bundestag 2001a, 69).
Die Gründe für Überschuldung sind vielfältig: Nach einer Erhebung bei den Schuldnerberatungsstellen sind die drei zentralen auslösenden Faktoren Arbeitslosigkeit, Scheidung sowie die Unerfahrenheit gegenüber Konsum- und Kreditausgaben (Deutscher Bundestag 2001b, Tabelle I.66). Die wachsende Bedeutung des letztgenannten Aspekts ist auch auf die bargeldlosen (elektronischen und virtuellen) Zahlungsformen und den damit erschwerten Überblick über die eigene Liquidität zurückzuführen. So markieren beispielsweise Telefonschulden infolge intensiver Handynutzung ein neues Problemfeld. Ferner beginnt der Weg in die Verschuldung häufig in jungen Jahren: Bereits 20 % der Jugendlichen (unter 20 Jahren) in Westdeutschland und 14 % in Ostdeutschland haben Schulden (Deutscher Bundestag 2001a, 74). Zum anderen ist auch die schnelle und

leicht(fertig)e Gewährung von Krediten durch die vielen Versandhäusern zuzuordnenden Teilzahlungsbanken sowie durch mehr oder minder unseriöse Kreditfirmen zu nennen.

Der insgesamt steigenden Überschuldungsproblematik wurde durch die lange Jahre geltende Rechtslage nur unzureichend Rechnung getragen. So hatte jemand, der (auch ohne eigene Schuld) hoch verschuldet ist, de facto keine Chance, zumindest in finanzieller Hinsicht wieder ein normales Leben führen zu können. Konkurs und Offenbarungseid stellten keine Lösung dar, weil hierdurch die Forderungen der Gläubiger nicht erloschen. Insofern existierten auch keine Anreize zur Aufnahme einer Tätigkeit, da eventuell anfallende Einkommen oder Erlöse komplett für die Schuldentilgung verwendet werden mussten. Dieses Problem stellte nun nicht nur ein sozialpolitisches, sondern in steigendem Maß auch ein volkswirtschaftliches Problem dar (Belastung der Kranken- und Unterhaltsvorschusskassen, Steuer- und Beitragsausfälle, begrenzte Konsumgüternachfrage, u. v. m.). Dem wirtschaftlichen Wert des Nachforderungsrechts standen hohe gesamtwirtschaftliche Kosten einer lebenslangen Schuldenhaftung entgegen.

Mit der Anfang 1999 in Kraft getretenen Insolvenzordnung konnte diese Problematik zumindest teilweise entschärft werden. Mit dieser Insolvenzordnung wurde die bis dahin in den alten Bundesländern einschlägige Konkurs- und die Vergleichsordnung sowie die in den neuen Ländern geltende Gesamtvollstreckungsordnung abgelöst und ein für die ganze Bundesrepublik einheitliches Insolvenzrecht geschaffen. Kernstück der Insolvenzordnung ist das Insolvenzverfahren. Dieses dient dazu, die Gläubiger eines Schuldners gemeinschaftlich zu befriedigen, indem das Vermögen des Schuldners verwertet und der Erlös verteilt oder in einem Insolvenzplan eine abweichende Regelung getroffen wird. Für Unternehmen bedeutet dies Sanierung oder Liquidation. Ist der Schuldner eine natürliche Person, die nicht selbstständig ist oder die nur eine geringfügige selbstständige wirtschaftliche Tätigkeit ausübt, also vor allem Verbraucher ist, kann er auf Grundlage eines speziellen Verbraucherinsolvenzverfahrens von seinen restlichen Verbindlichkeiten befreit werden. Eine solche Restschuldbefreiung war dem zuvor geltenden deutschen Recht unbekannt und stellt rechtlich somit eine erhebliche Besserstellung des Verbrauchers dar.

Um seiner Schulden ledig zu werden, muss der Verbraucher (drohende) Zahlungsunfähigkeit geltend machen können und folgendes mehrstufige Verbraucherinsolvenzverfahren durchlaufen:

1. *außergerichtliche Schuldenbereinigung:*
   Bevor der Schuldner das gerichtliche Insolvenzverfahren einleiten kann, hat er sich zunächst um eine außergerichtliche Schuldenregulierung zu kümmern. Dies tut er, indem er einen Einigungsplan erstellt, der den Gläubigern seine Einkommens- und Vermögensverhältnisse offen legt und ihnen einen konkreten Vorschlag zur Schuldenbereinigung unterbreitet. Widersetzt sich (mindestens) einer der Gläubiger den Vorschlägen, ist die außergerichtliche Schuldenregulierung gescheitert. Dann lässt sich allerdings bei Gericht die Durchführung des Insolvenzverfahrens sowie Restschuldbefreiung beantragen.

2. *gerichtlicher Schuldenbereinigungsplan:*
   Zusammen mit dem Antrag auf Durchführung des gerichtlichen Insolvenzverfahrens reicht der Schuldner einen Schuldenbereinigungsplan ein.

3. *vereinfachtes Verbraucherinsolvenzverfahren:*
   Wenn der gerichtliche Einigungsversuch scheitert, eröffnet das Gericht das Insolvenzverfahren. Mit dessen Eröffnung stellt das Gericht das Vermögen des Schuldners unter treuhänderische Verwaltung.

4. *sechsjährige Wohlverhaltensperiode:*
   Während der Wohlverhaltensperiode hat der Schuldner den pfändbaren Teil seines Arbeitseinkommens an einen Treuhänder abzuführen. Dabei wird der entsprechende Betrag vom Arbeitgeber gleich an den Treuhänder überwiesen, welcher diesen Betrag gleichmäßig an alle Gläubiger verteilt. Solange die Wohlverhaltensperiode andauert, ist der Schuldner verpflichtet, eine angemessene Erwerbstätigkeit auszuüben. Bei Arbeitslosigkeit ist er verpflichtet, sich nachweisbar um eine angemessene Erwerbstätigkeit zu bemühen und jede zumutbare Tätigkeit anzunehmen. Arbeitet er noch nebenbei, so ist auch der Nebenverdienst anmeldepflichtig und an den Treuhänder abzutreten. Verstößt der Schuldner gegen diese Verpflichtungen (indem er z. B. einen Verdienst aus einem Nebenjob nicht meldet), kann ihm das Gericht sofort die Restschuldbefreiung versagen.

5. *Restschuldbefreiung:*
   Hat der Schuldner während der gesamten Wohlverhaltensperiode sein pfändbares Einkommen an den Treuhänder abgetreten, wird er von seinen restlichen Verbindlichkeiten befreit.

Insgesamt kann dieses Verfahren verschuldeten Verbrauchern langfristig Perspektiven geben, sich eine neue Existenz aufzubauen. Allerdings stellt sich die Frage, ob sich die Stellung der Gläubiger unzumutbar verschlechtert. Die Aussicht auf eine Restschuldbefreiung könnte sich negativ auf die Zahlungsmoral von Privatschuldnern auswirken. Dem spricht allerdings entgegen, dass der Weg, der zu einer Restschuldbefreiung führt, gegenwärtig mit spürbaren Hindernissen und persönlichen Einschränkungen verbunden ist.

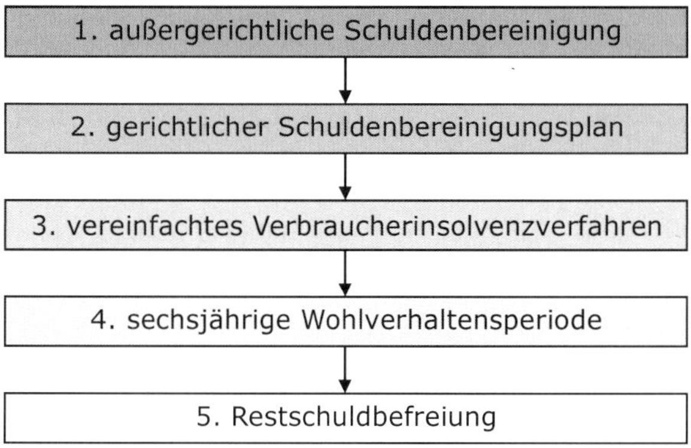

Abb. 5.2.7_1: Verbraucherinsolvenzverfahren

5.3 Informationsökonomische Sicht von Verbraucherproblemen

In Marktwirtschaften wird in der Regel erwartet, dass auf Wettbewerbsmärkten die guten Qualitäten die schlechten verdrängen und Anreize zu permanenten Qualitätsverbesserungen bestehen. Dem liegt die Vorstellung zugrunde, dass die Nachfrager überlegene Qualitäten mit Zufuhr von Kaufkraft belohnen, die sie gleichzeitig qualitativ minderwertigen Angeboten vorenthalten. Daraus ergeben sich für die Produzenten Anreize, im Wettbewerb bessere Produktqualitäten anzubieten. Gleichzeitig geraten die Produzenten minderwertiger Qualitäten unter die Bedrohung, vom Markt verdrängt zu werden. Letztlich soll die Produktion sich so an den Konsumentenpräferenzen ausrichten. Notwendige Voraussetzung hierfür ist, dass Nachfrager zwischen guten und schlechten Qualitäten austauschbarer Güter unterscheiden bzw. sich die dafür notwendigen Informationen leicht beschaffen können. Diese Bedingung liegt in der Realität eher selten vor. Zwar können wir davon ausgehen, dass die Produzenten der Güter relativ gut über die Eigenschaftsmerkmale der angebotenen Güter informiert sind, weil diese Informationen quasi als ein Nebenprodukt der Produktionstätigkeit anfallen, aber den Verbrauchern sind sie zunächst verborgen. Sie müssen sich die entsprechenden Informationen verschaffen, bevor sie im Fall von Wiederholungskäufen auf Erfahrungen mit dem jeweiligen Produkt zurückgreifen können.
Während man im idealtypischen Marktmodell unterstellt, dass Käufer und Verkäufer über den Gegenstand des Tauschs (gleich) gut informiert sind, müssen wir in der Realität davon ausgehen, dass zwischen beiden ein ausgesprochenes Informationsgefälle besteht: Der Verkäufer eines gebrauchten Autos kennt dessen Qualität besser als der Käufer. Bei der überwiegenden Zahl der Markttransaktionen besteht zwischen Anbietern und Nachfragern ein ausgesprochenes Informationsgefälle. Man spricht von Informationsasymmetrien.
Häufig besteht ein Informationsgefälle zulasten der Privaten Haushalte. So hat der Nahrungsmittelproduzent Informationen über die Herkunft der Vorprodukte, die verwendeten Zusatzstoffe, die Verfahren der Haltbarmachung usw. Der Verbraucher hingegen kann nicht alle Qualitätseigenschaften der Güter unmittelbar beobachten. Für ihn fällt nur ein (geringer) Teil der Informationen als Nebenprodukt des Ge- bzw. Verbrauchs der Güter an. Im Übrigen ist die Gewinnung und Verarbeitung relevanter Produktinformationen für ihn mit hohen finanziellen, zeitlichen, physischen Kosten verbunden, wobei der Nutzen solcher Informationen zunächst ungewiss bleibt. Man denke beispielsweise an nichtdeklarierte Zusatzstoffe bei Lebensmitteln.
Aber es gibt auch den umgekehrten Fall, Informationsasymmetrien zulasten des Unternehmens. Banken sind über das Risiko des Kreditausfalls in der Regel schlechter informiert als der Kreditnehmer. Der Anbieter einer

Versicherung weiß nicht, ob der Versicherungsnehmer beim Vertragsabschluss bestimmte Risiken verschweigt oder gar sein Sorgfaltsniveau nach Abschluss einer Versicherung reduziert. Auf Arbeitsmärkten werden Löhne und Arbeitszeiten fixiert, nicht aber die Arbeitsleistung, die der Arbeitgeber bekommt. Auch hier besteht das Problem in zu hohen Informationskosten der Qualitätsüberprüfung. Offensichtlich ist das Marktmodell zur Erklärung der Marktversorgung ergänzungsbedürftig. Wenn die Transaktionen nämlich in der Regel unter der Bedingung unterschiedlichen Informationsstands zwischen den Tauschpartnern stattfinden, wie kann dann verhindert werden, dass die jeweils besser informierte Seite die schlechter informierte „über's Ohr haut"? Wie kann dann erklärt werden, dass bestimmte Märkte die Haushalte auch dort mit qualitativ hochwertigen Angeboten versorgen, wo die Nachfrager über die Eigenschaftsmerkmale der Produkte nicht oder nur höchst unvollkommen informiert sind, während andere Märkte unter diesen Bedingungen eine hohe Wahrscheinlichkeit der Übervorteilung in sich bergen? Die Informationsökonomik liefert hierzu einen zentralen Beitrag.
Unter 5.3.1 bis 5.3.2 wird zunächst gezeigt, dass die Annahme, Haushalte könnten sich vor dem Kauf hinreichend über für sie relevante Eigenschaftsmerkmale der Produkte informieren, zur Fiktion geworden ist. Zunehmende Arbeitsteilung/Spezialisierung und der technische Fortschritt haben es mit sich gebracht, dass die (neoklassischen) Suchguteigenschaften von Marktgütern zunehmend durch Erfahrungs- und Vertrauensguteigenschaften verdrängt werden. Als Folge ergeben sich Informationsasymmetrien zwischen Verkäufern und Käufern, die sich im Wirtschaftsalltag nicht jeweils durch Informationssuche vor dem Kauf abbauen lassen. Daraus ergibt sich die Gefahr der „adversen Marktselektion", bei der schlechte Qualitäten die guten vom Markt verdrängen. Dabei verbindet man mit der Wirkungsweise von Märkten üblicherweise Umgekehrtes: die guten Qualitäten verdrängen die schlechten. Es werden drei analytisch unterscheidbare Ansatzpunkte zum Abbau von Informationsasymmetrien aufgezeigt:

1. Maßnahmen der jeweils schlechter informierten Marktseite
2. „Qualitätssignale" der besser informierten Marktseite
3. staatliche Eingriffe (verbraucherpolitische Maßnahmen)

Die Informationsökonomik erlaubt ein besseres Verständnis realer Marktprozesse, insbesondere eine Einschätzung des Risikos von Marktversagen bei Informationsasymmetrien und Möglichkeiten der Verhinderung. Dabei wird auch ein unkonventionelles Argument der Einschätzung der Werbung für die Funktionsfähigkeit bestimmter Märkte ins Feld geführt.

5.3.1 Markttransparenz und Such-, Erfahrungs- und Vertrauensguteigenschaften

Im Verlauf der wirtschaftlichen Entwicklung wird es für die wirtschaftlichen Akteure immer schwieriger, sich Markttransparenz zu verschaffen. Dies hat sowohl nachfrageseitige wie angebotsseitige Ursachen.
Informationen zu Qualitätsmerkmalen fallen bei den Produzenten quasi als Nebenprodukt der Produktion an. Für die Verbraucher hingegen ist die Informationsgewinnung in der Regel mit hohen Kosten in Form von Zeit, Geld, physischem und kognitivem Aufwand verbunden. Die wirtschaftliche Entwicklung ist durch Beschleunigungstendenzen und Zeitknappheit gekennzeichnet (Backhaus/Bonus 1997). Hervorzuheben sind steigendes Güterangebot bei beschleunigtem Produktwechsel und wachsende Gütermenge im Haushalt bei gegebener „Konsumzeit", d. h. sinkende Konsumzeit pro Gut. Als Folge konkurriert die Zeit für Informationsgewinnung nun stärker mit anderen Zeitverwendungen. Die Opportunitätskosten der Zeit sind gestiegen. Dies gilt generell. Hinzu kommt eine zwischen Verbrauchern unterschiedliche Ausstattung mit Einkommen und Bildung. Sie begründet zwischen den Haushalten unterschiedliche Opportunitätskosten und damit unterschiedliche Bereitschaften zur Informationssuche. Schon hieraus lässt sich ein Informationsgefälle zwischen Unternehmen und Haushalten ableiten. Gleichzeitig ergeben sich innerhalb der Gruppe der Haushalte Informationsgefälle nach Kriterien wie Bildung, Einkommen, Berufstätigkeit u. a.
Hinzu treten angebotsseitige Ursachen von Informationsasymmetrien. Die wirtschaftliche Entwicklung hat nicht nur die Gütermenge erhöht. Arbeitsteilung und technischer Fortschritt haben auch dazu geführt, dass die Eigenschaftsmerkmale der Güter immer schwieriger zu ergründen sind. Zwar haben Haushalte ein Interesse, über die Qualitäten der für sie relevanten Güter informiert zu sein, dennoch werden die entsprechenden Informationen auch wegen ihres Kollektivgutcharakters nicht bereitgestellt: Die Bereitstellung verursacht sichere Kosten, der Nutzen bleibt zunächst unsicher und kann, wenn erst einmal bereitgestellt, auch denen zugute kommen, die sich nicht an den Kosten der Generierung beteiligt haben. So wird der einzelne Milchproduzent keine Aufklärung über den gesundheitlichen Wert von Milch betreiben, da hiervon alle Milchproduzenten ihren Vorteil hätten (Tietzel 1989, 59f.). Ein rationaler Verbraucher wird den Kostenbeitrag zur Informationsgewinnung verweigern, wenn diese Information beispielsweise via Internet frei zu nutzen ist. Die unter diesen Konstellationen bestehenden Anreize zum Einnehmen der Trittbrettfahrerposition bewirken ein suboptimales Marktangebot an Information.
Beurteilungsprobleme der Verbraucher hinsichtlich der Eigenschaften von Gütern lassen sich nun auch danach unterscheiden, ob die Informations-

defizite vor oder erst nach dem Kauf abzubauen sind (Weiber/Adler 1995, 58). Aus der Kombination beider Aspekte ergibt sich die Unterscheidung nach Such-, Erfahrungs- und Vertrauensgütern.
Bei Suchgütern lassen sich wesentliche Eigenschaften grundsätzlich vor dem Kauf hinreichend genau ermitteln. Hierzu zählen beispielsweise Güter, bei denen Äußerlichkeiten (Mode, Design) im Mittelpunkt des Interesses der Nachfrager stehen (Mitropoulos 1997, 333). Diese Güter werden als weit gehend unproblematisch betrachtet. Anders ist dies bei Erfahrungsgütern, bei denen sich wesentliche Eigenschaftsmerkmale grundsätzlich erst nach dem Kauf ermitteln lassen. Ob ein in Dosen abgepacktes Lebensmittel gut schmeckt, ob ein Elektrogerät die erwarteten Funktionen über eine lange Lebensdauer abgibt, lässt sich erst nach dem Kauf bzw. nach dem Gebrauch feststellen. Schließlich lassen sich bestimmte Qualitätsmerkmale weder vor noch nach dem Kauf ermitteln. Man spricht hier von Vertrauensgütern. Ob ein Rechtsanwalt sich engagiert, ob die Anlageempfehlung eines Vermögensberaters den Bedürfnissen des Anlegers entspricht oder den Interessen der Bank, ob man die beste medizinische Behandlung bekommen hat, ob das knusprige Brot unter Verwendung unerwünschter Zusatzstoffe gebacken ist – all dies sind Fragen, die der Verbraucher weder vor noch nach dem Kauf beantworten kann. Er muss dem gewählten Angebot vertrauen.
Für Kaufentscheidungen sind nun in der Regel gleichzeitig Suchguteigenschaften (z. B. Preise), Erfahrungsguteigenschaften und Vertrauensguteigenschaften relevant.

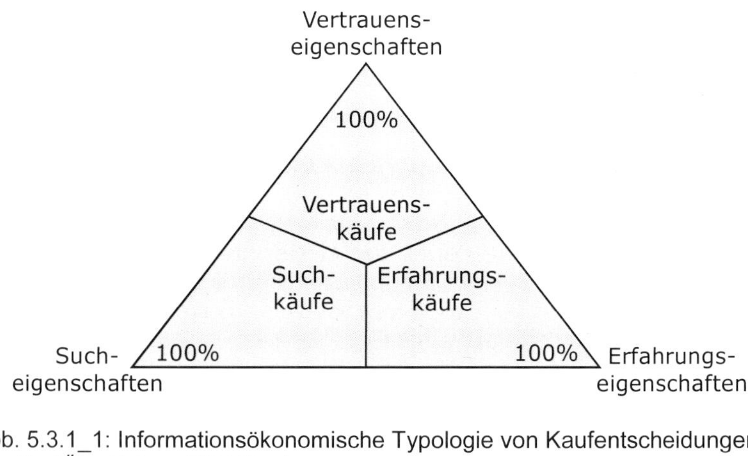

Abb. 5.3.1_1: Informationsökonomische Typologie von Kaufentscheidungen
Quelle: IÖB, Universität Münster

Je nachdem, welche Eigenschaftsmerkmale überwiegen, kann man von Suchkäufen, Erfahrungskäufen und Vertrauenskäufen sprechen. Lediglich die Eckpunkte in Abbildung 5.3.1_1 symbolisieren die reinen Typen Suchgut, Erfahrungsgut bzw. Vertrauensgut (Adler 1998).

5.3.2 Informationsasymmetrien und Marktversagen

Die Bedeutung von Informationsasymmetrien für die Funktionsfähigkeit von Märkten wurde von Akerlof, einem der Nobelpreisträger für Wirtschaftswissenschaften des Jahres 2001, am Beispiel des Gebrauchtwagenmarkts, des Market for Lemons, beschrieben (Akerlof 1970). Er zeigt am Beispiel des Gebrauchtwagenmarkts, dass Informationsasymmetrien zu einer Verdrängung guter Qualitäten durch schlechte führen können (adverse Selektion).
Auf dem Markt mögen 100 Gebrauchtwagen angeboten werden, die Hälfte davon von schlechter Qualität (so genannte Zitronen, Lemons). Die Besitzer gut erhaltener Gebrauchtwagen wollen mindestens 5.000 €, die Eigentümer von Autos minderer Qualität wollen noch 2.500 € erzielen. Die Käufer sind bereit, für ein gut erhaltenes Exemplar bis zu 5.500 €, für ein schlechtes hingegen nur bis zu 2.700 € zu zahlen. Besteht Markttransparenz, werden sich die Preise gut erhaltener Gebrauchtwagen zwischen 5.000 € und 5.500 €, die der Lemons zwischen 2.500 € und 2.700 € einspielen. Wenn aber die Käufer die Qualität der einzelnen Gebrauchtwagen nicht beurteilen können und nur wissen, dass die Hälfte der Gebrauchtwagen von minderer Qualität ist, besteht eine 50-prozentige Wahrscheinlichkeit, einen Wagen minderer Qualität zu erwerben. Dies wird sich auf die Zahlungsbereitschaft der Käufer auswirken. Die Zahlungsbereitschaft könnte sich an einem Erwartungswert ausrichten, der sich bei den hier gegebenen Anteilen von guten und schlechten Wagen und den jeweils zugeordneten Zahlungsbereitschaften ermitteln lässt:

$$\text{Erwartungswert} = 0{,}5 \times 5.500\ € + 0{,}5 \times 2.700\ € = 4.100\ €$$

Dieser Preis liegt unter dem Preis, zu dem die Anbieter guter Qualitäten ihre Wagen verkaufen. Auf dem Markt werden dann nur schlechte Qualitäten gehandelt. Erkennen die Käufer dies, reduzieren sie ihre Zahlungsbereitschaft auf 2.700 €. Das Ergebnis ist ein so genanntes „Lemon-Gleichgewicht“, in dem die schlechten Qualitäten die guten verdrängt haben (adverse Selektion). Der marktwirtschaftliche Selektionsmechanismus verdrängt unter diesen Bedingungen die guten Qualitäten, statt wie in der Regel unterstellt, die schlechten. Obwohl bei Anbietern wie Nachfragern ein Interesse am Tausch von Wagen guter Qualitäten besteht, verhindern Informationsasymmetrien deren Tausch. Allgemein formuliert: Wenn Käufern die Qualitätsunterschiede verborgen bleiben, ist es für sie rational, ihre Kaufentscheidung vor allem am Preis der Güter zu orientieren. Unternehmen können durch qualitativ überlegene Angebote keinen Wettbewerbsvorteil gegenüber ihren Konkurrenten erlangen. Im Gegenteil: Da die Produktion überlegener Qualitäten in der Regel mit höheren Produktionskosten verbunden ist, würde ein solches Angebot hier zu Wettbewerbsnachteilen führen. Für sie ist es also rational, aufwändige Qualitätsverbesserungen zu unterlassen und vor allem in leicht wahrnehmbare Produktmerkmale (Aufmachung, Design u. a.) zu investieren. Bei anhaltender Qualitätsunsicherheit kann es also sein, dass Märkte für qualitativ überlegene Güter nicht zu Stande kommen. Dies ist deshalb als Problem hervorzuheben, weil wir nur begreifen, was wir mit Händen greifen und sinnlich überprüfen können (Bonus 1998). Die Gefährlichkeit der adversen Selektion liegt gerade darin, dass sie nicht offensichtlich ist und allenfalls an der Grenze zu krassem Fehlverhalten diskutiert wird (Zucker- und Glykolbeimischungen zum Wein, unzulässige Tierfutterbeimischungen usw.), dann aber eher als Ausnahme erscheint.

> „Wir leben in Lemon-Gleichgewichten und wissen gar nicht, welche Gutsqualitäten wir entbehren. Warum bleiben die Langzeitautos auf dem Reißbrett, warum scheuert der Anzug so schnell durch, warum verglimmen die Glühbirnen so bald? Warum hält der Damenstrumpf selbst zaghaften Annäherungsversuchen nicht stand? Warum rosten Waschmaschinen und Kühlschränke? Warum welken die Schnittblumen, bevor sie erblühen, warum schmilzt das Schnitzel in der Pfanne dahin? Warum ist der Käse so fad und der Schinken so wässrig? In diesen und tausend ähnlich gelagerten Fällen ist adverse Selektion die Erklärung.“ (Sinn 1989, 82)

Informationsasymmetrien können auch zulasten der Anbieter vorliegen. So weiß der Vermieter nicht, wie pfleglich der Mieter den Gegenstand (von der Wohnung bis zum Leihwagen) behandelt. Eine Versicherung kalkuliert die Prämie so, dass das durchschnittliche Risiko gedeckt wird. Dieser Tarif mag für die sorgfältigen Verbraucher zu hoch sein, während die schlechten Kunden ihr Sorgfaltsverhalten nach Vertragsabschluss möglicherweise noch weiter reduzieren. Hier bestehen Informationsasymmetrien nach Vertragsabschluss fort, die Anreize zu opportunistischem Verhalten freisetzen (Moral Hazard bzw. Anreize zur Praktizierung von Grenzmoral) mit der Folge, dass gute Kunden durch steigende Prämien noch mehr abgeschreckt werden. So werden die hohen Prämien für Zahnarztversicherungen in der Schweiz damit erklärt, dass sie dort als freiwillige Versicherung vorwiegend von schlechten Risiken nachgefragt wird, während die guten Risiken keinen Markt finden (Emons 2001, 65).
Mit unbefriedigenden Marktergebnissen als Folge von Informationsasymmetrien ist vor allem dann zu rechnen, wenn es sich um selten gekaufte Güter mit geringem Wert handelt, bei denen nur schwache Anreize zur Information bestehen. So ist das Angebot in der Bahnhofsgaststätte auf-

grund der Laufkundschaft in der Regel schlechter als in Restaurants mit Stammkundschaft und das „Schnäppchen" eines fliegenden Teppichhändlers mag sich als teurer Fehlkauf entpuppen. Sozial schwache Verbraucher dürften stärker von Informationsasymmetrien betroffen sein als einkommens- und bildungsstarke, flexibel reagierende Verbraucher. Offensichtlich ist auch, dass das Risiko bei Erfahrungs- und insbesondere Vertrauenskäufen größer ist als bei Suchkäufen und deshalb verbraucherpolitischen Handlungsbedarf begründen kann.

5.3.3 Strategische Ansatzpunkte zur Verringerung von Informationsasymmetrien

Nun sind Informationsasymmetrien nicht einfach gegeben. Die drei sich wechselseitig ergänzenden Ansatzpunkte zu ihrer Entschärfung lassen sich unterscheiden (Mitropoulos 1997, 330; siehe Abbildung 5.3.3_1).

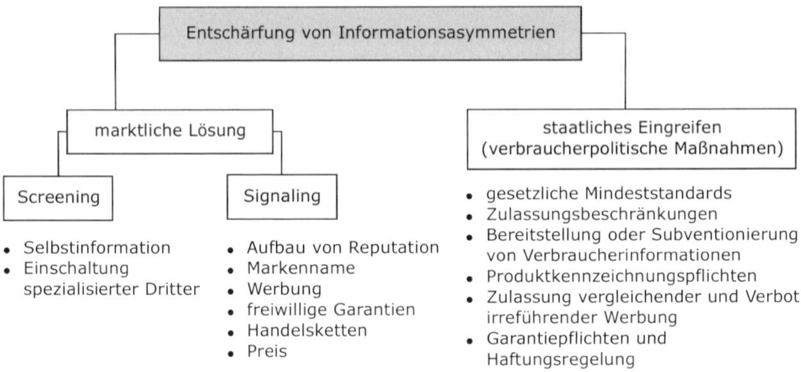

Abb. 5.3.3_1: Entschärfung von Informationsasymmetrien
Quelle: IÖB, Universität Münster

Zu den marktlichen Lösungen ist zunächst die Informationsbeschaffung durch die Verbraucher selbst zu zählen (Screening). Dabei entstehen Informationskosten unterschiedlicher Art: Pekuniäre Kosten der Informationsbeschaffung (Kosten für Zeitschriften, Telefonate, Beratungsdienste usw.), zeitliche Kosten, physische Kosten, aber auch kognitive Kosten in Form der Auswahl und Bewertung der Informationen bei Entscheidungsprozessen. Hierbei ergibt sich das Dilemma, dass sich bei geringwertigen Gütern der Informationsaufwand für die Verbraucher in der Regel nicht lohnt, während bei hochwertigen Gütern mit Erfahrungs- bzw. Vertrauenseigenschaften die Informationskosten häufig prohibitiv hoch sind (Karpe, Krol, 35). Dann kann häufig auf hoch spezialisierte Anbieter von Informationen zurückgegriffen werden: Sachverständige, Makler, Architekten, Ärzte, Steuerberater u. a. Diese Informationsmöglichkeiten werden in Anspruch genommen, solange der dadurch erwartete Nutzen über den Kosten der jeweiligen Informationsstrategie liegt.

Aber auch die besser Informierten haben grundsätzlich ein Interesse daran, den Vertragspartnern überlegene Qualitäten zu signalisieren (Signaling). Dabei stehen Anbieter in einem Aufmerksamkeitswettbewerb, in dem detaillierte und komplexe Qualitätsinformationen unterzugehen drohen. An deren Stelle treten leicht zu kommunizierende und von Verbrauchern leicht zu verarbeitende „Qualitätsversprechen". Hierzu gehören Garantie- und Kulanzregelungen, Aufbau und Pflege eines Markennamens, Selbstverpflichtungen unterschiedlicher Art, aber auch Franchise-Systeme und nicht zuletzt die Werbung. Diese Aktivitäten können im Wettbewerb als Investition in die Reputation eines Unternehmens gesehen werden, die dem Verbraucher deshalb wertvolle Informationen verschaffen, weil der Aufbau von Reputation nur gelingen kann, wenn das dadurch gegebene Qualitätsversprechen glaubwürdig ist. Aus Sicht der Informationsökonomik kann selbst eine auf Produktinformationen verzichtende Werbung die Funktion eines glaubwürdigen Qualitätsindikators übernehmen (Tietzel 1989, 59). Die Kosten der Werbung sind nämlich versunkene Kosten (Sunk Costs), die unwiederbringlich verloren sind, wenn die beworbenen Produkte nicht den Qualitätsstandards der Werbebotschaft entsprechen (Drexl 1998, 197). Aufwändige Werbung kann deshalb sogar als eine Geisel in der Hand der Verbraucher (Richter 1994, 28) gesehen werden. Damit ist irreführende Werbung nicht ausgeschlossen. Sie ist bei Vertrauensgütern, bei denen Verbraucher das Qualitätsversprechen nicht überprüfen können, wahrscheinlicher als bei Erfahrungsgütern, insbesondere wenn Wiederholungskäufe anhaltende Irreführungen verhindern, und bei Erfahrungsgütern wieder wahrscheinlicher als bei Suchgütern, bei denen Verbraucher die Irreführung vor dem Kauf leichter entlarven können. Irreführende Werbebotschaften und versteckte Qualitätsverschlechterungen sind dort wahrscheinlicher, wo keine dauerhaften Marktbeziehungen bestehen oder angestrebt sind.

Screening- und Signaling-Aktivitäten können Informationsasymmetrien nicht beseitigen. (Verbraucherpolitische) Aktivitäten des Staats müssen sie erleichtern und flankieren. Neben direkten Regulierungen in Fällen hoher Risiken (Verwendungsverbote, Mindestqualitäts-, Sicherheits- und Haftungsstandards, Bauvorschriften u. a.) kann Verbraucherpolitik auch eine Senkung der Informationskosten für Verbraucher bewirken. Dabei kann das Informationsangebot zum einem durch (anbieterunabhängige, experten- oder erfahrungsbasierte) Verbraucherinformation, zum anderen durch die Vorgabe von Informationspflichten der Anbieter über Qualitäts-

merkmale (z. B. Kennzeichnungsvorschriften) verbessert werden (Lehmann 1999, 91).
Ein weiterer Ansatzpunkt könnte darin liegen, Anreize zum Aufbau von Reputation und Goodwill bei Verbrauchern zu stärken, beispielsweise durch den Schutz von Markennamen und die Überwachung von Gütezeichen. Insbesondere bei Vertrauensgütern sind hierfür Mindestkriterien vorzugeben und deren Einhaltung zu überwachen, damit diese Qualitätssignale glaubwürdig werden und bleiben. Nur dann nämlich werden Verbraucher diese Signale mit höherer Zahlungsbereitschaft honorieren.
In diesem Unterkapitel wurde gezeigt, dass anhaltende Informationsasymmetrien auf Märkten zu Marktversagen führen können. Allerdings gibt es „Selbstheilungskräfte“, die sowohl von der schlechter wie von der besser informierten Seite ausgehen können. Aber je bedeutsamer Erfahrungs- und Vertrauenseigenschaften der Güter, je ausgeprägter die Kollektivguteigenschaften von Informationen über Eigenschaftsmerkmale der Güter, je seltener die Güter gekauft werden, je instabiler die Beziehungen zwischen Anbieter und Verbraucher sind, umso eher ist Marktversagen zu erwarten, welches dann durch den Staat korrigiert werden muss. Allerdings ist hier auch auf die Gefahr von Staatsversagen hinzuweisen, beispielsweise wenn durch rigiden Verbraucherschutz die Anreize für Wettbewerbshandeln auf beiden Marktseiten sinken.

6 Neue Herausforderungen für die Konsumenten

6.1 Globalisierung

Noch vor wenigen Jahren suchten Konsumenten, wenn sie sich beispielsweise eine Küchenmaschine kaufen wollten, nach einer wichtigen Produktkennzeichnung: War auf dem Gerät der Schriftzug Made in Germany zu lesen, so wurde dies als wesentliches Qualitätsversprechen verstanden. Das Gleiche galt für Uhren Made in Switzerland, Schuhe Made in Italy oder Krawatten Made in England. Eine solche Kennzeichnung macht hingegen heutzutage nur noch wenig Sinn. Kauft man beispielsweise in den USA für cirka 30.000 $ einen fabrikneuen Pkw, so verbleiben davon nur etwa 5.000 $ bei Arbeitnehmern und Kapitalgebern in den USA, denn wesentliche Teile des Fahrzeugs werden in anderen Ländern gefertigt und Elemente der Arbeitsorganisation finden in anderen Regionen der Welt statt (Schlösser 2001, 131). Vielfach lässt sich gar nicht mehr sagen, in welchem Land ein Produkt hergestellt worden ist.
Dieser Trend ist Ausdruck der Globalisierung. Das Beispiel verdeutlicht deren unterschiedliche, auch gegensätzliche Implikationen: Für Unternehmen, und unter Wettbewerbsbedingungen damit auch für Verbraucher, bedeutet die Fertigung von Produkten an unterschiedlichen Standorten die Realisierung von Kostenvorteilen: Produkte können preisgünstiger angeboten werden, was eine bessere Marktversorgung der Konsumenten bedeutet. Gleichzeitig werden Verbraucher über die ihnen angebotene Qualität unsicher: Sind Schuhe, wenn sie im Wesentlichen in Bangladesch hergestellt werden, oder Wein, der aus Kalifornien kommt, tatsächlich von gleicher Qualität wie die inzwischen vertrauten italienischen Produkte? Verbraucher benötigen hier also andere Signale als die obsolet gewordene Bezeichnung Made in... Und nicht zuletzt sehen sich Private Haushalte als Anbieter des Produktionsfaktors Arbeit plötzlich im Wettbewerb mit Anbietern an Standorten auf der ganzen Welt.
Dieses Unterkapitel stellt diese Veränderungen als Herausforderungen für die Privaten Haushalte vor. Nach einer Charakteristik der wesentlichen Merkmale der Globalisierung (6.1.1) beleuchten wir die Folgen der Globalisierung für den Privaten Haushalt in den Bereichen Konsum (6.1.2) und Veränderungen auf dem Arbeitsmarkt (6.1.3).

6.1.1 Grundmerkmale der Globalisierung

„Globalisierung" ist ein schillernder und vieldimensionaler Begriff. Die Literatur weist unterschiedlich weit gefasste Definitionen aus. Weit gehend einig ist man sich darin, dass Globalisierung einen Prozess beschreibt, der der Entwicklung der (westlichen) Moderne inhärent ist (Giddens 1995). Mit Giddens lässt sich Globalisierung verstehen als eine Veränderung der gesellschaftlichen Raum-Zeit-Beziehungen. Globalisierung meint dann die „Intensivierung weltweiter sozialer Beziehungen, durch die entfernte Orte in solcher Weise miteinander verbunden werden, dass Ereignisse an einem Ort durch Vorgänge geprägt werden, die sich an einem viele Kilometer entfernten Ort abspielen" (ebd., 85).

Unter dieser übergreifenden Definition lassen sich nun verschiedene Dimensionen der Globalisierung unterscheiden. So kann man von einer kulturellen, einer ethischen, einer sozialen und einer ökonomischen Ebene der Globalisierung sprechen (Kaminski 2001, 4). Bezogen auf ökonomische Aktivitäten bezeichnet Globalisierung dann die Entstehung und Ausdehnung internationaler, interdependenter Finanz-, Güter- und Arbeitsmärkte. Verbunden damit ist eine zunehmende, grenzüberschreitende Mobilisierung von Arbeitskräften, Kapital, Gütern, Informationen und Wissen (Karpe 1999). Dieser Prozess führt auf den Teilmärkten zu einem sich verschärfenden Wettbewerb der Marktteilnehmer. Gleichzeitig kommt es durch den Abbau von Kapital- und Devisenverkehrsbeschränkungen und von Handelshemmnissen (Zölle, Einfuhrquoten) zwischen Wirtschaftsregionen – seien es Nationalstaaten, seien es verfasste Wirtschaftsräume wie die EU, NAFTA usw. – sowie durch die Standardisierung von Produkten und Produktionsverfahren zu einer zunehmenden Integration bislang weit gehend separater Märkte. Auf diese Weise entsteht langfristig ein „Weltbinnenmarkt".

Nun ist eine Internationalisierung ökonomischer Beziehungen kein neues Phänomen. Schon in der Antike bezog Rom sein Getreide aus Nordafrika und Sizilien, unter dem Dach der mittelalterlichen Hanse unterhielten Kaufleute Handelsbeziehungen zwischen Nowgorod und Brügge und auch der Beginn der modernen Welt mit der europäischen Entdeckung Amerikas durch Columbus und der anschließenden Kolonialisierung weiter Teile der Erde ist geprägt durch die Schaffung internationaler Wirtschaftsräume. Dennoch wird Globalisierung heute als etwas grundlegend Neues empfunden.

Was die Globalisierung unserer Tage von der Internationalisierung der Wirtschaft seit dem 16. Jahrhundert unterscheidet – zur besseren Abgrenzung wird auch von der Globalisierung I und der Globalisierung II gesprochen (Brock 1997) –, ist der auf individueller, lokaler und nationaler Ebene erfahrene Verlust der Steuerungskraft. Die nationalen Volkswirtschaften werden immer mehr zu einem Teil der vernetzten Globalökonomie, was die Möglichkeiten einer autonomen und effektiven Wirtschafts-, Finanz- und Sozialpolitik erfahrbar beschränkt. Die Annahme lautet, dass die „globalen wirtschaftlichen Entwicklungen [...] nicht allein die Entwicklung von Nationen [steuern], sondern auch von Städten und Stadtteilen, diese wiederum die der Haushalte und Individuen“ (Friedrichs 1997, 4). Auch aus der Sicht der Individuen bedeutet Globalisierung also eine zunehmende Vernetzung persönlicher Lebensbereiche mit den Planungen und Entscheidungen anderer.

Das herausragende Charakteristikum der neuen, zweiten Globalisierung ist das Schwinden der Entfernung. Der technische Fortschritt in der Mikroelektronik, der Miniaturisierung, Satelliten- und Nachrichtentechnik ermöglicht es, Töne, Texte und Bilder innerhalb kürzester Zeit beinahe von jedem zu jedem beliebigen anderen Ort der Erde zu versenden. Hinzu tritt eine tendenzielle Senkung der Transportkosten. Ökonomisch gesprochen sinken damit die Kosten der Überwindung des Raums für materielle wie immaterielle Güter drastisch.

Die Tragweite dieser Entwicklung wird unterstützt durch den rapiden Bedeutungszuwachs, den Informationen und Wissen gegenüber den physischen Gütern des Industriezeitalters für ökonomische Beziehungen gewinnen. Zu beobachten ist ein Trend zur Dematerialisierung der Produktion. Wissen, also strukturierte Informationen, wird in der globalisierten Ökonomie zum bedeutendsten Produktionsfaktor werden – die Produktion wird „schwerelos“ (Glotz 2000). Zwar werden auch weiterhin physisch fassbare Güter produziert und konsumiert werden, der Anteil dieser Produktion an der Wertschöpfung wird jedoch deutlich abnehmen (Paqué 2001).

Vor diesem Hintergrund ist es Unternehmen möglich, auf Beschaffungs- und Absatzmärkten tätig zu werden, die ihnen vormals aufgrund zu hoher Transaktionskosten verschlossen waren. Die Folge ist eine Zunahme der Wettbewerbsintensität, die zum einen – auf den Konsumgütermärkten – den Haushalten eine bessere Versorgung erlaubt, zum anderen aber diese ebenfalls in einen intensivierten Wettbewerb auf dem Arbeitsmarkt zwingt.

6.1.2 Globalisierung und Konsum

Der weltweite Abbau von Handelshemmnissen und die zunehmende Integration der Märkte zu einem „Weltbinnenmarkt“ ermöglichen Verbrauchern die Auswahl aus einem immer reichhaltigeren Angebot (bessere Marktversorgung). Heute ist es eine alltägliche Selbstverständlichkeit, dass die Software für den heimischen Computer aus Irland, Hi-Fi-Geräte aus Fernost und Lebensmittel aus der ganzen Welt importiert werden. Die Vereinbarungen der „Uruguay-Runde“ zum Abschluss der GATT-

Verhandlungen im Dezember 1993 haben – in Verbindung mit dem technischen Fortschritt auf dem Gebiet der Informations- und Kommunikationstechnologien – dafür gesorgt, dass nun auch Dienstleistungen in bislang ungekanntem Ausmaß global gehandelt werden (Welzmüller 1997). So führen Verbraucher mit dem eigenen Handy Telefongespräche in aller Welt, nutzen Serviceleistungen ihres taiwanesischen Monitorherstellers oder laden sich aus dem Internet das neue Servicepack für ihr von einer amerikanischen Firma vertriebenes Betriebssystem auf den Computer. Einen wichtigen Bereich machen darüber hinaus Finanzdienstleistungen und Versicherungen aus, die als immaterielle Güter ebenfalls leicht über die neuen Technologien weltweit vertrieben werden können. Dabei führt die steigende Konkurrenz auf Wettbewerbsmärkten tendenziell zu sinkenden Preisen. Zudem ist davon auszugehen, dass ein größeres Angebot es den Verbrauchern ermöglicht, Produkte zu finden, die ihren Bedürfnissen besser entsprechen.
Das größere Angebot führt aber auch zu einer wachsenden Unübersichtlichkeit der Märkte (sinkende Markttransparenz). Verbraucher können nicht mehr von bislang durch nationale Vorschriften gesicherten Qualitätsstandards ausgehen. So gilt beispielsweise innerhalb der Europäischen Union das Toleranzgebot, nach dem Produkte, die in einem Mitgliedsland zugelassen sind, in einem anderen nicht mit dem Argument mangelnder Qualität verboten werden können. Artikel 30 des Vertrags zur Gründung der Europäischen Union nennt als Ausnahmen von dieser Regel nur Gefahren für die „öffentliche Sittlichkeit, Ordnung und Sicherheit" sowie den Schutz „der Gesundheit und des Lebens von Menschen, Tieren oder Pflanzen, des nationalen Kulturguts [...] oder des gewerblichen oder kommerziellen Eigentums". Verbote oder Beschränkungen dürfen dabei „weder ein Mittel zur willkürlichen Diskriminierung noch eine verschleierte Beschränkung des Handels" darstellen (Amtsblatt C 340, Art. 30). In der wirtschaftspolitischen Praxis sind solche Handelsbeschränkungen zum Schutz der heimischen Wirtschaft vor unliebsamer ausländischer Konkurrenz – insbesondere zwischen den großen Handelsblöcken – jedoch noch an der Tagesordnung.

> „Beispielhaft kann hier Südkorea genannt werden: Bei Eintritt der wirtschaftlichen Krise wurde verstärkt versucht, den Erwerb ausländischer Güter, insbesondere Automobile, zu verhindern. Dabei wurden nicht etwa die Zollsätze erhöht, sondern andere Maßnahmen eingesetzt. Hierzu gehören besondere technische Anforderungen bei Importen, die steuerliche Diskriminierung von Importautomobilen oder sogar das öffentliche Anprangern der Erwerber ausländischer Konsumgüter." (VDA 2001).

Mit der Liberalisierung des Handels wird die Verantwortung für die Bewertung von Produkten wieder verstärkt an die Verbraucher zurückgegeben.

Dies ist nicht unproblematisch: Vor dem Kauf eines Guts können Verbraucher lediglich dessen Suchguteigenschaften beurteilen. Zahlreiche von Verbrauchern nachgefragte Qualitätsmerkmale haben jedoch den Charakter von Erfahrungs- und Vertrauensgütern, die von den Käufern erst nach dem Kauf bzw. überhaupt nicht bewertet werden können. Zudem streben Verbraucher im Allgemeinen nach einer Reduktion von Entscheidungsbelastungen. Damit Verbraucher Güter hinsichtlich auch solcher Qualitätsmerkmale entsprechend ihren Bedürfnissen auswählen und beurteilen können, benötigen sie Kennzeichnungen (z. B. über Inhaltsstoffe und Zubereitungsverfahren von Lebensmitteln) oder von glaubwürdigen Institutionen vergebene Gütesiegel. Zur Reduktion von Entscheidungsbelastungen trägt auf globalisierten Märkten auch die Standardisierung von Produkten im Rahmen von Franchising-Systemen bei: Pizza-Hut, McDonalds oder Coca-Cola geben überall das gleiche Qualitätsversprechen. In einer von zunehmender Mobilität gekennzeichneten Welt wissen reisende Verbraucher auch in Hongkong, Buenos Aires oder Moskau, welche Produkteigenschaften sie bei diesen Gütern erwarten können.

Die Kehrseite weltweit standardisierter Qualitäten ist eine zunehmende Ausdünnung und Verflachung des Angebots: Lokale Besonderheiten gehen langfristig verloren oder können nur in Marktnischen („Produkte aus der Region") überleben. So sind in Deutschland heutzutage beispielsweise zirka 80 Apfelsorten heimisch, doch nur weniger als die Hälfte davon entsprechen den Vorgaben und Klassifikationen der Europäischen Union und können damit in den allgemeinen Handel gelangen. Die anderen Sorten dürfen lediglich durch die Produzenten selbst vermarktet werden. Verbraucher müssen in diesen Fällen also einen erhöhten Aufwand betreiben, um derartige Produkte überhaupt kennen zu lernen.

Liberalisierung und Deregulierung des Handels bedeuten keineswegs das Ende der Verbraucherpolitik. Sie bleibt insbesondere notwendig für Fragen der akuten Gefahrenabwehr. Darüber hinaus hat Verbraucherpolitik im Zeitalter globalisierter Märkte die Aufgabe, durch das Setzen von Rahmenbedingungen, insbesondere der Festlegung von Informationspflichten auf Seiten der Anbieter, Informationsasymmetrien abzubauen und Verbraucher in die Lage zu versetzen, ihre gewachsene Eigenverantwortung auch wahrnehmen zu können.

6.1.3 Globalisierung und Arbeitsmarkt

Die Folgen der Globalisierung für den Arbeitsmarkt werden häufig diskutiert unter dem vorschnellen Verdikt der Verlagerung von Arbeitsplätzen aus den industrialisierten, mit hohen Lohn- und Sozialstandards ausgestatteten Ländern in Niedriglohnländer. Befürchtet wird dabei der Eintritt in eine Abwärtsspirale mit der Gefahr des Lohndumping (Karpe 1999). Angesichts des Sinkens der Transaktionskosten internationaler ökonomischer Beziehungen ist diese Befürchtung nicht aus der Luft gegriffen. Eine einseitig pessimistische Betrachtungsweise ist jedoch nicht haltbar.

Chancen für eine steigende Beschäftigung ergeben sich aus einer Makro- wie auch aus einer Mikroperspektive. Sinkende Transaktionskosten des internationalen Warenverkehrs wie auch der Abbau von Handelshemmnissen können steigende Gewinne der Anbieter und Wachstumseffekte mit sich bringen, was wiederum positive Auswirkungen auf die Beschäftigung haben kann (Karpe 1999; Paqué 2001). Auch die Beschäftigungswirkungen der ins Ausland verlagerten Produktion sind zunächst nicht eindeutig: Zwar gehen Arbeitsplätze im Inland verloren, doch über sinkende Produktionskosten steigt wiederum die Wettbewerbsfähigkeit des jeweiligen Unternehmens, was möglicherweise erst den Erhalt von Arbeitsplätzen gewährleisten bzw. sogar zu einem Beschäftigungszuwachs führen kann.

Zu unterscheiden sind ebenso kurz- und langfristige Wirkungen der Verlagerung der Produktion: Dem kurzfristig wirksamen Abbau von Beschäftigung kann langfristig ein Beschäftigungswachstum gegenüberstehen: Einkommen, die an im Ausland tätige Arbeitnehmer gezahlt werden, führen erfahrungsgemäß langfristig dort zu einer Veränderung der Konsumgewohnheiten. Einkommen an das Ausland fließen als Nachfrage wieder ans Inland zurück (Einkommenseffekt) und über eine Veränderung der Verbrauchsstruktur im Ausland kann sich dort langfristig ein Trend zum Import höherwertiger Konsumgüter aus dem Inland ergeben (Struktureffekt). Der kurzfristige Verlust von Beschäftigung führt so langfristig zu einem steigenden Güterexport mit entsprechenden Wachstumseffekten.

Auch die individuellen sozialen Folgen der Globalisierung der Arbeitsmärkte sind ambivalent. Zum einen stehen nicht mehr (ausschließlich) inländische in Konkurrenz zu ausländischen Unternehmen. Der technische Fortschritt in der Kommunikationstechnologie mit seinen neuen Möglichkeiten der Telearbeit und der nahezu transaktionskostenfreien Übermittlung von Dienstleistungen setzt nun einzelne Arbeitnehmer der direkten Konkurrenz zu anderen Arbeitnehmern aus, die vergleichbare Leistungen anbieten können (Schlösser 2001). Arbeitsverhältnisse werden damit tendenziell unsicherer.

Auf der anderen Seite wird – mit steigendem Wert des Produktionsfaktors Wissen – die Arbeit zunehmend von physischer Leistungsfähigkeit ent-

koppelt. Dies bietet körperlich in der Regel weniger Leistungsstarken (Frauen, Behinderten) bessere Möglichkeiten, in größerem Umfang als bislang am Erwerbsleben teilzunehmen (Paqué 2001). Die neuen Kommunikationstechnologien erlauben auch zunehmend die Arbeit ohne Anwesenheit in einem Betrieb (Paqué 2001). Dies eröffnet Möglichkeiten zur besseren Integration von Erwerbsarbeit und Familie. Langfristig werden insbesondere die gut ausgebildeten und mobilen Arbeitskräfte die Gewinner der Globalisierung sein, während die Arbeitsverhältnisse der an- und ungelernten Kräfte tendenziell prekärer werden. Globalisierung macht damit
Aus-, Weiter- und Fortbildung zu einem für die Beschäftigung elementaren individuellen und gesellschaftlichen Anliegen.

6.2 Virtualisierung der Märkte

Die neuen Informations- und Kommunikationstechnologien tragen maßgeblich zum „Verschwinden der Entfernung“ in der modernen Welt bei. Insbesondere das Internet stellt den Nutzern mittels eines einzigen Mediums eine bislang nicht gekannte Infrastruktur zur Kommunikation und Unterhaltung, zur Suche nach Informationen und zur Abwicklung von Geschäftsvorgängen zur Verfügung. Interessant aus ökonomischer Perspektive ist dabei insbesondere die Frage, inwieweit sich „ökonomienahe“ Handlungen durch diese Virtualisierung verändern und welche Möglichkeiten, aber auch welche Risiken sich für die Verbraucher aus der Virtualisierung von Märkten ergeben.

Der Begriff der „Virtualisierung“ der Märkte mag zunächst verwirren: „Virtuell“ bedeutet „scheinbar“, „nicht wirklich vorhanden“. Dennoch werden auch auf virtuellen Märkten Waren und Dienstleistungen zwischen Produzenten und Konsumenten – Business to Consumer – und in noch erheblich größerem Umfang zwischen Unternehmen – Business to Business – getauscht. Der Satz von der Virtualisierung der Märkte beschreibt die besondere Form der Anbahnung und Abwicklung der Tauschvorgänge. Diese finden unter Nutzung der neuen Informations- und Kommunikationstechniken über das Internet statt. Man spricht daher auch vom Electronic Commerce oder kurz: vom E-Commerce. Kennzeichen des E-Commerce ist, dass alle Glieder der Markttransaktion – Suche, Auswahl, Kauf und Nachkaufbetreuung – mittels elektronischer Kommunikation abgewickelt werden können (Picot u. a. 2001).

Die Nutzung virtueller Märkte ist verbunden mit der Ausbreitung des World Wide Web (www), eines Teils des Internets. Die Erwartungen an sie bezüglich Umsatz und Gewinn hängen zum einen stark mit der weiteren Entwicklung der Internet-Nutzerzahlen zusammen. Zum anderen werden sie bestimmt durch die Erwartungen, die die potenziellen Kunden mit dem Einsatz der neuen Technologien verbinden. Sehen sie in ihnen eher die Chancen, die es zu nutzen gilt, um Wohlfahrtszuwächse zu erfahren? Oder regiert die Skepsis bezüglich möglicherweise unausgereifter Techniken und individueller, finanzieller (Kauf-)Risiken bei deren Nutzung?

Ziel dieses Unterkapitels ist es, die Chancen und Risiken, die für Verbraucher mit der Nutzung der neuen Technologien verbunden sind, darzustellen (vgl. 6.2.3 und 6.2.4). Anschließend werden in Abschnitt 6.2.5 unterschiedlichste Ansätze der Risikominimierung und Vertrauensbildung auf elektronischen Märkten vorgestellt. Zuvor werden jedoch die Entwicklung der Internetnutzung (6.2.1) sowie das mit dem Begriff des E-Commerce verbundene Spektrum von Transaktionsformen dargestellt (6.2.2).

6.2.1 Entwicklung der Internetnutzung und des E-Commerce

Die Zahl der Internetnutzer in Deutschland ist innerhalb weniger Jahre rasant gestiegen: Wurden für das Jahr 1998 noch 6,1 Mio. Nutzer angenommen und ging für das Jahr 2001 von ca. 20,3 Mio. aus (ACTA; Zahlen des Instituts für Demoskopie in Allensbach), so wird die derzeitige Zahl der Nutzer auf 35,7 Mio. geschätzt (FAZ 2004, Zahlen aus der Online-Studie von ARD und ZDF). Die Zahlen sind allerdings unsicher, weil lediglich geschätzt werden kann,

a) wie viele Nutzer von öffentlichen Online-Zugängen Gebrauch machen und
b) wie viele Nutzer sich – etwa in Familien – einen Internetanschluss teilen.

Betrachtet man die Nutzer des Internet, so ist es eindeutig ein „junges" Medium: In der Gruppe der Unter-40-Jährigen sind wesentlich mehr Internetnutzer zu finden, als es ihrem Anteil an der Bevölkerung entspricht. Dagegen sind die Über-50-Jährigen deutlich unterrepräsentiert (GfK-Web*Scope 2001). Auffallend ist darüber hinaus, dass gut ein Viertel der Internetnutzer über ein monatliches Haushaltsnettoeinkommen von 3.000,- € und mehr verfügt (GfK-Web*Scope 2001). Nach Angaben der Unternehmensberatung McKinsey ist der typische Internetnutzer männlich, 25 bis 35 Jahre alt und besitzt ein mittleres bis gehobenes Bildungsniveau und Einkommen (McKinsey/MMXI 2000, 2).
Auch wenn man einen durchschnittlichen Internetnutzer beschreiben kann, so differiert die Nutzung des Internet unter den Anwendern erheblich. Insbesondere hinsichtlich der Nutzungsintensität, Art der aufgesuchten Seiten und der Verweildauer auf diesen Seiten lassen sich verschiedene Benutzertypen wie der „Surfer", der „Schnupperer", der „Schnäppchenjäger", der „Kontakter", der „Convenience-Orientierte" und der „Entertainment-Orientierte" unterscheiden (McKinsey/MMXI 2000).
Gemessen am gesamten Einzelhandelsumsatz ist der Umsatz, der in Deutschland mit dem Verkauf von Waren und Dienstleistungen über das Internet erzielt wird, noch gering: Im Jahr 2000 hat der Umsatz im Internethandel ca. 5 Mrd. DM betragen und sich damit gegenüber 1999 nahezu verdoppelt. Dennoch machte er damit weniger als 1 % des gesamten Umsatzes im Einzelhandel aus (Rebenstock 2001). Doch wächst die Zahl der Online-Käufer derzeit stärker als die der Internetnutzer. Etwa ein Drittel aller Internetnutzer haben bereits mindestens einen Online-Kauf getätigt (GfK-Web*Scope 2001), sodass dem Internethandel schon für die nahe Zukunft ein großes Umsatzpotenzial zugeschrieben wird.

6.2.2 Varianten des E-Commerce

Dem Begriff E-Commerce liegt in der Regel eine weiter gefasste Definition als die eines Versandhandels mit Internetkatalog zu Grunde. Differenzieren lässt sich in zwei Richtungen: Zum einen haben sich im Internet verschiedenste Formen des Verkaufs gebildet, etwa die Auktion, zum anderen werden zum E-Commerce auch die Kaufvorbereitung (Produktsuche, Preis- und Qualitätsvergleich) sowie die Nachkaufphase (Inanspruchnahme von Serviceleistungen) gezählt.

Neben der Auswahl eines Produkts aus dem im Internet einsehbaren Warenkatalog eines Anbieters – beispielsweise beim Bestellen eines Buchs aus dem Angebot eines Internetbuchladens – haben die Eigenheiten des Internet zu gänzlich anderen Einkaufsformen geführt. Einer der größten virtuellen Marktplätze ist beispielsweise ebay.com geworden, das Privatanbietern ein Dach für den auch von privat zu privat abzuwickelnden Handel bietet. Verkaufsform ist dabei die Auktion. Gerichtsurteile haben in jüngster Zeit bestätigt, dass in derartigen Verkaufsumgebungen die Verkaufsangebote sowie Kaufgebote verbindlich sind. Auktionen kommen im Internet in unterschiedlicher Form vor: Vom gegenseitigen Überbieten mit verbindlicher Zahlung des Höchstgebots (Englische Auktion) über Zahlung des lediglich zweithöchsten Gebots bis zur Reverse Auction (Holländische Auktion), in der ein Einführungspreis in festen Schritten gesenkt wird und die Interessenten bei dem ihren Vorstellungen entsprechenden Preis ein Kaufgebot abgeben. Eine weitere internettypische Form des Kaufs ist das beispielsweise über die Seite „letsbuy-it.com" organisierte so genannte Co-Shopping, bei dem – abhängig von der Zahl der Kaufinteressenten – Mengenrabatte für so vertriebene Produkte erzielt werden.

Bereits in der Phase der Kaufanbahnung können Verbraucher auf verschiedene im Internet angebotene Dienste zurückgreifen: Suchmaschinen erlauben dem Benutzer über die Eingabe von Stichworten die Suche nach Informationen zu bestimmten Produkten. Mithilfe von Preisagenturen lässt sich nach dem kostengünstigsten Angebot suchen, Rating-Agenturen und Verbraucherforen bieten zu zahlreichen Produkten Informationen über Qualitäten des ins Auge gefassten Produkts (Picot u. a. 2001).

Insbesondere Hersteller von Markenartikeln bieten ihren Kunden über das Internet Dienstleistungen für die Nachkaufphase, etwa die Möglichkeit zur Nachfrage bei technischen Schwierigkeiten mit dem Produkt, das Herunterladen von Datenblättern, Handbüchern oder Gebrauchsanweisungen oder auch Softwareupdates. Hier kommt es häufig zur Verschränkung der virtuellen mit den realen Märkten, etwa wenn Hersteller von auf dem realen Markt zu erwerbenden Fertignahrungsmitteln ihren Kunden über das Internet Rezepte oder das Abonnement eines Newsletters anbieten.

6.2.3 Chancen des E-Commerce

Die offensichtlichen Vorteile des Handels über das Internet liegen auf der Hand: Es sind dies die „Ladenöffnungszeiten" – 24 Stunden am Tag, sieben Tage die Woche – sowie die nahezu unbegrenzte Auswahl an Produkten. Gleichzeitig erhalten Verbraucher eine verbesserte – weil kostengünstigere – Möglichkeit der Beschaffung von Informationen zu Produktmerkmalen und -qualitäten sowie des Vergleichs der gewonnenen Informationen. Geht man davon aus, dass mit steigender Wettbewerbsintensität auf den Konsumgütermärkten die Preise sinken, dann verspricht das Zeitalter des E-Commerce darüber hinaus eine bessere Marktversorgung zu günstigeren Preisen. Die inzwischen vorhandenen Möglichkeiten der Individualisierung vormaliger Massenprodukte ermöglichen den Verbrauchern zudem eine Versorgung mit einer stärker an ihren jeweiligen Präferenzen orientierten Produktqualität.
Beim Einkauf über das WWW ist der Verbraucher nicht mehr an traditionelle Ladenöffnungszeiten gebunden. Das dortige Güterangebot ist rund um die Uhr zugänglich. Haushalte können Einkäufe damit nach ihren Zeitpräferenzen organisieren. Dies ist vor allem für diejenigen von Bedeutung, die entweder ein umfassendes Güter- und Dienstleistungsangebot nicht in ihrem lokalen bzw. regionalen Wohnumfeld vorfinden (ländlicher Raum) oder aber ein solches vorhandenes Angebot aufgrund von Behinderungen der Mobilität nur schwer wahrnehmen können (Deutscher Bundestag 1998).
Verbraucher haben über das Internet Zugriff auf ein enorm ausgeweitetes Güterangebot. Abgesehen von Sprachbarrieren ist es für sie gleich, ob sie das Angebot eines amerikanischen, europäischen, asiatischen oder aber – so vorhanden – ihres regional vertrauten Händlers durchstöbern. Das größere Angebot macht es wahrscheinlicher, dass sie Güter finden, die ihren Präferenzen eher als bislang entsprechen. Mit deutlichen Zeitgewinnen können Verbraucher zu Hause Waren und Preise vergleichen, wofür sie zuvor einzelne, ihnen zufällig zugängliche Geschäfte hätten aufsuchen müssen. So erlauben elektronische Marktplätze bei sinkenden Transaktionskosten eine Steigerung der Markttransparenz.
Die Nutzung der neuen Informations- und Kommunikationstechniken bietet in den Beziehungen zwischen Anbietern und Nachfragern auf mehreren Ebenen die Möglichkeit zu Kostensenkungen. Zunächst ist es möglich, dass die güternachfragenden Haushalte direkt mit den Produzenten in Kontakt treten: E-Commerce kann damit die Notwendigkeit von Zwischenhändlern, bei denen im herkömmlichen Handel etwa 50 bis 80 % der Kosten des Endverbrauchers entstehen, obsolet machen (Deutscher Bundestag 1998). Besonders groß ist das Potenzial für Kostensenkungen bei Produkten, die online vertrieben werden können (beispielsweise Software). Abhängig von der Rechnerausstattung des Endverbrauchers sin-

ken die Kosten der Übermittlung der Ware bis auf nahezu Null. Empirische Studien zeigen zwar, dass es bei online vertriebenen Produkten noch nicht zu deutlichen Preissenkungen gekommen ist (Deutscher Bundestag 1998); eine stärkere Nutzung der Möglichkeit des elektronischen Einkaufs durch die Verbraucher mit der Folge einer Entwicklung vom Anbieter- zum Nachfragemarkt sowie der im steigenden Wettbewerb spürbare Kostendruck bei den anbietenden Unternehmen lassen Kostensenkungen jedoch noch erwarten (Picot u. a. 2001, 373). Als prägnantes Beispiel mag die Möglichkeit zur Online-Buchung bei der Deutschen Bahn (surf & rail) gelten, die Verbrauchern einen gewaltigen Kostenvorteil von bis zu 70 % bieten kann.
Die rasante technische Entwicklung mit dem fortschreitenden Geschwindigkeitszuwachs bei Rechnerleistungen und der steigenden Kapazität von Speicherleistungen hat es ermöglicht, dass Unternehmen ihren (potenziellen) Kunden die Möglichkeit zur Individualisierung ihrer Produkte (Mass Customization) anbieten. So ist es beispielsweise in der Automobilindustrie üblich, dass sich Kunden über das Internet die Ausstattung ihres Fahrzeug innerhalb eines vorgegebenen Entscheidungsrahmens nach eigenen Präferenzen zusammenstellen können. Gleichzeitig erfahren die Kunden den jeweils zu zahlenden Preis für ihr „personalisiertes" Fahrzeug, können ihren Wunsch-Typ speichern, um ihn mit einem Alternativmodell zu vergleichen, und schließlich online bestellen. Auf diese Weise können Verbraucher vormals weit gehend standardisierte Produkte nach eigenen Präferenzen erstellen lassen.
Einen ähnlichen Effekt streben über das Internet anbietende Dienstleister an, wenn sie über die (offene oder verdeckt erfolgende) Sammlung von Kundenpräferenzen ein Profil erstellen, das es ihnen erlaubt, diesen Kunden gezielte Angebote zu unterbreiten (1:1-Marketing). Dieses Beispiel macht gleichzeitig die Janus-Köpfigkeit der Möglichkeiten des elektronischen Handels deutlich: Was der eine Kunde möglicherweise als angenehme Unterstützung seiner Informationssuche ansieht, erscheint dem anderen als Ausspähung seiner Kaufgewohnheiten, die es abzuwehren gilt. Ein dritter mag diese Praxis tolerieren, solange die Daten ausschließlich bei dem von ihm aufgesuchten Unternehmen bleiben. Chancen und Risiken des elektronischen Geschäftsverkehrs liegen hier also dicht zusammen.

6.2.4 Nachteile und Risiken des E-Commerce

Den unter 6.2.3 beschriebenen Chancen des E-Commerce für die Verbraucher stehen eine Reihe von Nachteilen und Risiken gegenüber. Hier ist zunächst der im Vergleich zu herkömmlichen Marktaktivitäten hohe Aufwand für den Marktzugang zu nennen. Darüber hinaus sind die geringe Kontrollmöglichkeit von Waren (Qualität) und Warenanbietern (Bonität), die Angst vor der missbräuchlichen Nutzung sensibler Daten (Kreditkarten- oder Kontonummern), die Unsicherheit über den eigenen Rechtsstatus bei Online-Geschäften und die Angst, gegenüber Unbekannten zu einem sämtliche Kaufgewohnheiten offenbarenden gläsernen Konsumenten zu werden, wesentliche Gründe, die Verbraucher abhalten, auf elektronischen Märkten einzukaufen (Deutscher Bundestag 1998; Töpper/ Müller 2000).

Im Vergleich zu traditionellen Einkaufsformen ist die Nutzung elektronischer Märkte zunächst mit Hürden versehen. So verlangt der Zugang zum WWW den Besitz eines entsprechend leistungsfähigen Computers mit der Hardware für den Internetzugang. Darüber hinaus muss sich der zukünftige Online-Marktteilnehmer um den Zugang bei einem Internet Service Provider bemühen. Damit setzt der Zugang zu den elektronischen Märkten nicht unerhebliche Anschaffungskosten voraus. Hinzu kommen die laufenden Kosten für die Internetnutzung, deren Höhe sich von unerfahrenen oder neuen Nutzern schwer kalkulieren lassen.

Doch auch wenn diese Einstiegshürde genommen ist, stehen viele Internetnutzer dem elektronischen Einkauf skeptisch gegenüber. An vorderster Stelle bei den Bedenken der Verbraucher gegenüber dem elektronischen Einkauf stehen gemäß einer Untersuchung von Emnid Sicherheitsbedenken bei Nutzung der Kreditkarte (Gerth u. a. 1999). Die hohe Rate von Rückbuchungen von Kreditkartenzahlungen in Zusammenhang mit Internetkäufen deutet an, dass es auch bei vom Käufer angestrebten elektronischen Geschäften zahlreiche Probleme gibt (Gerth u. a. 1999).

In diesem Zusammenhang sind Vorbehalte der Verbraucher gegenüber der nicht selten anzutreffenden Praxis anzusiedeln, wonach Online-Käufe in der Regel durch Vorkasse der Kunden abgeschlossen werden müssen. Im Gegenzug haben die Verbraucher keine Gewissheit über den Zeitpunkt der Lieferung. Eine Untersuchung der Stiftung Warentest ergab, dass ca. 20 % aller online aufgegebenen Bestellungen im elektronischen Nirwana verschwanden und ohne eine Reaktion des Anbieters blieben und darüber hinaus etwa ein Drittel aller Bestellungen nicht innerhalb der vom Anbieter zugesagten Lieferfristen eintrafen (Töpper/Müller 2000). Hier bietet sich Unternehmen die Chance, über bereits bestehende oder aufzubauende Reputation Kunden zu gewinnen und zu binden. Aus Sicht der Informationsökonomie liegt hier eine Begründung für die überdurchschnittlichen Wachstumsraten der „traditionellen“ deutschen Versender Otto, Quelle, Karstadt und Tchibo im E-Commerce (Gatzke u. a. 2001).

Gerade das Nicht-Physische des elektronischen Einkaufs verunsichert die Kunden. So bleibt z. T. unklar, ob Bestellungen bereits abgeschlossen wurden oder noch auf einen weiteren Mausklick warten. Doppelbestellungen sind unter diesen Konstellationen nicht ausgeschlossen. Offen bleibt dann die Frage der rechtlichen Stellung der Verbraucher: Welche Umtausch- oder Rückgabemöglichkeiten besitzen sie? Auch diese Informationen, über die der Anbieter selbstverständlich verfügt, werden – so die Stiftung Warentest – häufig nicht offenkundig dargelegt. Das neue Fernabsatzgesetz schreibt den Anbietern diese Informationen nun verbindlich vor (siehe Unterkapitel 5.2).

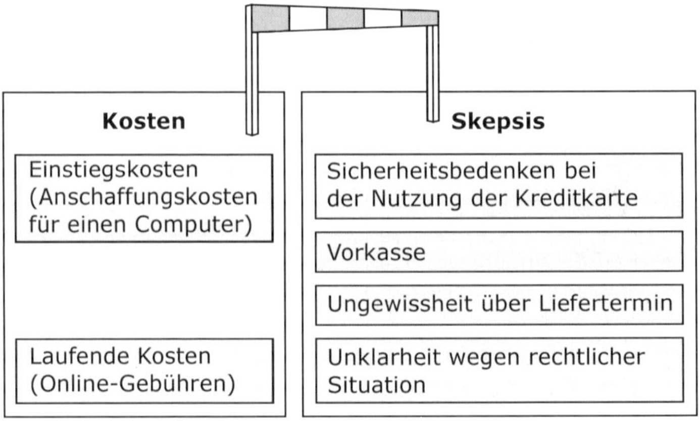

Abb. 6.2.4_1: Hürden für E-Commerce

Das Zusammenwirken dieser Nachteile und Risiken ist geeignet, bei Verbrauchern ein latentes Gefühl des Unbehagens zu erzeugen, aus dem heraus die wohlstandssteigernden Potenziale des E-Commerce ungenutzt bleiben. Staat und Gesellschaft haben hier die Aufgabe, Möglichkeiten der Risikobegrenzung zu entwickeln, abzuwägen und gegebenenfalls in das Umfeld der Nutzung elektronischer Märkte zu implantieren.

6.2.5 Möglichkeiten zur Risikobegrenzung

Insbesondere die Unsicherheit der Verbraucher über ihre Rechte und Pflichten im Online-Einkauf begründet traditionellerweise die Notwendigkeit verbraucherpolitischer Initiativen. So sind Regelungen durch den Gesetzgeber erfolgt, um die Stellung der Kunden im E-Commerce zu definieren. Darüber hinaus haben sich auch abseits staatlicher Aktivität Initiativen zur Schaffung von Vertrauen zwischen Unternehmen und Nachfragern oder aber auch allein durch die Nachfrager herausgebildet. Bis auf wenige Ausnahmen werden dabei Informationsdefizite auf Seiten der Verbraucher abgebaut.
An erster Stelle der gesetzlichen Regelungen ist das neue Fernabsatzgesetz zu nennen, das in Deutschland die Fernabsatz-Richtlinie der Europä-

ischen Union in nationales Recht umsetzt. Dieses Gesetz trifft Regelungen zur Informationspflicht der anbietenden Unternehmen sowie zur Anwendung des Gewährleistungsrechts und stärkt die Stellung der Kunden, indem sie den Anbietern die Anwendung verbraucherpolitischer Bestimmungen des Absatzlandes vorschreibt. Für die anbietenden Unternehmen bedeutet dies eine enorme Erhöhung der Transaktionskosten, da sie ihrem Angebot die Rechtsvorschriften unterschiedlichster Länder zu Grunde legen müssen. Zum Teil reagieren sie darauf in einer Art umgekehrter Meistbegünstigungsklausel, nach der die großzügigeren Regelungen beispielsweise für Rückgabefristen für alle Kunden Anwendung finden (amazon). Wichtig ist darüber hinaus in diesem Zusammenhang das Gesetz zur „Digitalen Signatur", das die digitale der physischen Unterschrift gleichstellt, und das Gesetz über die informationelle Selbstbestimmung, das Unternehmen die Weitergabe personenbezogener Kundendaten nur mit Einverständnis der Betroffenen erlaubt.
Neben den gesetzlichen Regelungen haben sich im Internet bereits „Marktlösungen" zur Vertrauensbildung etabliert. Diese können sowohl von der Anbieter- als auch von der Nachfragerseite aus initiiert sein. Zu den anbieterinitiierten Lösungen sind in erster Linie die Bestrebungen zu rechnen, den Aufbau der eigenen Seite, den Ablauf des Bestellvorgangs wie auch die Information über die Abwicklung von Zahlung und Lieferung für (potenzielle) Kunden transparent zu machen. Dieses kann zunächst durch hauseigene Informationen geschehen. Unternehmen nutzen jedoch auch die Möglichkeit, ihre Kunden in so genannten „Nutzerforen" auf ihren Internetseiten zu Wort kommen und die Qualität der Produkte beurteilen zu lassen. Doch auch diese Informationen sind für Dritte wiederum ein Vertrauensgut bzw. Erfahrungsgut, denn üblicherweise haben Kunden keine Möglichkeit, die Qualität der Bewertungen durch andere Kunden vor einem Kauf zu beurteilen.
Unternehmen greifen daher zu einer weiteren Möglichkeit, Vertrauen in ihr Angebot aufzubauen, indem sie ihr Unternehmen von unabhängiger Seite beurteilen oder zertifizieren lassen. Solche Zertifizierungsstellen können entweder wiederum private Unternehmen oder aber staatlich kontrollierte Stellen (TÜV, Stiftung Warentest) sein. Diese Form der Vertrauensbildung mittels Gütesiegel steckt jedoch noch in ihren Anfängen. So gibt es kaum etablierte Zertifizierungsstellen, noch gibt es allgemein anerkannte Standards der Qualitätsprüfung. In einem Bericht zur „Qualitätskennzeichnung beim E-Commerce" belegt die Stiftung Warentest die überaus unterschiedlichen Prüfungspraktiken und -tiefen in diesem Bereich (Töpper/Müller 2000).
Schließlich kennen Online-Anbieter auch die Bedenken ihrer potenziellen Kunden und besitzen die Möglichkeit, diesen bereits im Vorfeld zu begegnen. So bieten einige Unternehmen an, sensible Daten wie die Kreditkarten- oder Kontonummer nicht über das Internet, sondern über das Telefon

mitzuteilen. Der Online-Buchhändler amazon verschickt Auftragsbestätigungen mit sämtlichen Bestelldaten per E-Mail und gewährt seinen Kunden großzügige Rückgabemöglichkeiten bei nicht wunschgemäßer Ware. Auf diese Weise erhalten Kunden immer auch einen physischen Beleg ihrer Bestellaktivität.

Zu den nachfrageseitig initiierten Marktlösungen sind in erster Linie die unzähligen Diskussionsforen und Newsboards zu rechnen, innerhalb derer sich Internetnutzer über Unternehmen und Produkte austauschen. Solche Foren sind in der Regel nach Warengruppen strukturiert (beispielsweise „Windows XP“ oder „DVD-Player“) und über die Verwendung von Internet-Suchmaschinen leicht zu finden. Naturgemäß decken diese Foren die Interessen der gegenwärtigen Nutzergemeinde des Internet ab. Breitgefächerte Informationen zu Haartrocknern oder Fensterputztüchern werden demnach in solchen Gruppen schwerer zu finden sein als Informationen zu Computerprogrammen. Doch gibt es im WWW inzwischen auch strukturierte Seiten, auf denen Verbraucher anderen Internetnutzern über Erfahrungen mit Produkten aller Art berichten. So stellt ciao.de seinen Nutzern nach eigenen Bekunden Preisvergleich und Tests, die von Verbrauchern erstellt wurden, zu mehr als zwei Millionen Produkten zur Verfügung. Das Problem der Glaubwürdigkeit der Berichte lösen derartige Seiten über eine Nutzerrückkoppelung: Die Erfahrungsberichte werden wiederum von den Nutzern der Seite bewertet.

Die Beispiele zeigen, dass der Markt hier noch sichtbar in Bewegung ist. Sicherlich bedarf es einer weiteren internationalen Abstimmung, um die Rechtsvorgaben beispielsweise zwischen Anbietern aus den USA und Kunden in Europa zu vereinheitlichen. Dennoch zeigt sich, dass der Markt auch ohne staatliche Unterstützung in der Lage ist, kreativ Problemlösungen zur Vertrauensbildung zwischen Anbietern und Nachfragern hervorzubringen.

6.3 Nachhaltiger Konsum

Wie nahezu alle wirtschaftlichen Aktivitäten, so ist auch der Konsum der Privaten Haushalte mit weit reichenden ökologischen Folgewirkungen behaftet. Nach Schätzungen des Umweltbundesamts lassen sich 30 bis 40 Prozent der Umweltbelastungen in Deutschland auf den privaten Konsum zurückführen (Umweltbundesamt 1998, 221). Dabei greift man zu kurz, wenn man nur die Entsorgung problematischer Verbrauchsgüter vor Augen hat: „Allein durch den Kauf und Gebrauch von zehn ausgewählten Produkten, wie u. a. Koch- und Spülgeräte, Pkw oder Waschmaschinen, werden nahezu zwei Drittel der Stoffströme in der Bundesrepublik Deutschland erzeugt“ (GSF-UKF 2001). Umweltbelastungen sind also in einem nicht zu vernachlässigenden Ausmaß ein Ausfluss der gesellschaftlich praktizierten Konsummuster, oder – allgemeiner – des Auslebens des westlichen Wohlstandsmodells.

Stellt man in Rechnung, dass dieses Wohlstandsmodell nur von einem relativ kleinen Teil der Weltbevölkerung praktiziert wird, deren weitaus größerer Teil in den Schwellen- und Entwicklungsländern diesem jedoch nachstrebt, so wird angesichts der bereits jetzt spürbaren ökologischen Folgen die Dringlichkeit der Veränderung der in den Industriestaaten gepflegten Lebens- und Wirtschaftsweise offenkundig. Aus Gründen der Gerechtigkeit lassen sich nicht dauerhaft vier Fünftel der Weltbevölkerung von einem Leben nach westlichem Vorbild ausschließen, die ökologischen Folgen einer solchen Wohlstandsentwicklung wären jedoch fatal. Die Weltgemeinschaft hat sich daher im Jahr 1992 auf das neue, gemeinsame Leitbild der „Nachhaltigen Entwicklung“ (Sustainable Development) geeinigt, das den Schutz der Umwelt, die gerechte Verteilung von Lebenschancen wie auch eine stabile wirtschaftliche Entwicklung in einem „magischen“ Zieldreieck vereint (Krol 1998).

Gegenstand dieses Unterkapitels ist die Darstellung der Operationalisierung dieses Leitbildes für die Privaten Haushalte. Dazu werden mit der Effizienz- und der Suffizienzstrategie zwei Ansatzpunkte vorgestellt (6.3.2). Der anschließende Abschnitt 6.3.3 benennt Barrieren, die einem nachhaltigen Konsumverhalten entgegenstehen. Zunächst wird jedoch unter 6.3.1 das Leitbild der nachhaltigen Entwicklung erläutert. Es sei betont, dass die Problematik des nachhaltigen Konsums hier nur in Grundzügen dargelegt werden kann.

6.3.1 Das Leitbild der nachhaltigen Entwicklung

Der Kerngedanke des Verständnisses von einer „nachhaltigen Entwicklung” ist normativer Natur: Bedürfnisse der heute lebenden Generationen sollen befriedigt werden, ohne die Bedürfnisbefriedigung kommender

Generationen zu gefährden (Bund/Misereor 1997, 24). Mit anderen Worten: Möglichst allen Menschen – sowohl den heute lebenden als auch den nachfolgenden Generationen – sollen durch eine Politik der Nachhaltigkeit gleichwertige Lebenschancen ermöglicht werden. In dieser allgemeinen Formulierung hat das Leitbild allerdings den Charakter einer Leerformel, über deren Gehalt erst die Operationalisierung dieses Ziels entscheidet.
Auf die heute lebenden Generationen angewandt, betont das Leitbild Sustainable Development zunächst den Gedanken der wirtschaftlichen Entwicklung: Der Bevölkerung auch der ärmeren Länder des Südens darf der Lebensstandard der Industrienationen nicht vorenthalten werden. Ziel ist es, auch ihnen ökonomisches Wachstum und damit ein menschenwürdiges Leben zu ermöglichen. Sustainable Development enthält des Weiteren eine intergenerative Dimension: Auch kommenden Generationen sollen die natürlichen Ressourcen der Erde noch zur Verfügung stehen. Die heute Lebenden sind damit aufgefordert, das bestehende Naturkapital als Grundlage jedes Wirtschaftens zu erhalten.
Unter dieser Vorgabe lassen sich nun Managementregeln für den Umgang mit den natürlichen Ressourcen ableiten (Reisch 1999):

1. Erneuerbare Ressourcen sollten nur im Rahmen ihrer natürlichen Regenerationsfähigkeit eingesetzt werden.
2. Nicht erneuerbare Ressourcen dürfen nur nach Maßgabe der Entwicklung von (letztlich regenerationsfähigen) Substituten genutzt werden.
3. Darüber hinaus gilt es, die Pufferkapazität der Natur zur Aufnahme und zum Abbau von Schadstoffen zu wahren.

Diese Nutzungsregeln verschärfen sich noch, wenn man statt von einem akzeptablen Zustand, dessen Verschlechterung es zu verhindern gilt, von einem ökologisch zu verbessernden ausgeht (Krol o. J., 21). Die Konsequenz dieses Gedankens ist offensichtlich: Angesichts der bereits heute deutlich spürbaren Übernutzung der natürlichen Kapazitäten der Erde sowohl als Quelle von Ressourcen als auch als Schadstoffsenke stellen derartige Nutzungsregeln Nutzungsbeschränkungen dar, die bei einer Orientierung am Leitbild Sustainable Development eine tief greifende Veränderung der Lebens- und Konsumgewohnheiten insbesondere in den hoch industrialisierten Ländern verlangen (Bund/Misereor 1997, 15).

6.3.2 Strategien der Effizienz und Suffizienz

Es sind vornehmlich zwei voneinander abgrenzbare Strategien, mit denen versucht wird, das Leitbild der nachhaltigen Entwicklung umzusetzen: die Effizienzstrategie und die Suffizienzstrategie. Beides sind jedoch keine

geschlossenen Konzepte, sondern grenzen Maßnahmen mit unterschiedlichen Ansatzpunkten voneinander ab.
Im Zug der Effizienzstrategie sollen Wirtschaftlichkeitsprinzipien für die Verbesserung der Umweltsituation nutzbar gemacht werden. Mithilfe technischer Innovationen wird eine Steigerung der Ressourcenproduktivität (Inputseite) sowie eine Senkung der Emissionsintensität (Outputseite) angestrebt. Durch neue Produkte und Produktionsverfahren sollen die Energie- und Stoffeffizienz gesteigert werden (Huber 1995). Ziel ist es, langfristig Wirtschaftswachstum und Naturverbrauch weit gehend zu entkoppeln, um auf diese Weise den mit dem Leitbild Sustainable Development verbundenen Zielvorstellungen der Verteilungsgerechtigkeit, der ökonomischen Entwicklung und der Ökologieverträglichkeit gleichzeitig gerecht werden zu können. Die Effizienzstrategie zielt so auf eine Verbesserung bestehender Produktions- und Konsumformen ab.
Auch wenn sich die Effizienzstrategie zunächst an das Investitionsverhalten von Unternehmen zu richten scheint, so besitzen doch auch die Privaten Haushalte zahlreiche Ansatzpunkte zur Realisierung von Effizienzgewinnen (v. Weizsäcker u. a. 1995). Bedeutsam ist hier vor allem der private Energieverbrauch. Durch die geeignete Auswahl von (insbesondere langlebigen) Gebrauchsgütern oder durch Maßnahmen der Energieeinsparung im Wohnbereich – hier vor allem bei der Gebäudeheizung – ließen sich große Potenziale der Effizienzsteigerung ausnutzen (Diekmann/Preisendörfer 2001, 15).
Effizienzgewinne stehen jedoch immer in der Gefahr, durch Wachstumseffekte wieder zunichte gemacht zu werden (Reisch 1999). Als in Deutschland bekanntestes Beispiel mag die Einführung des Katalysators für Pkw dienen: In der Gesamtbilanz wurde die mit dem Katalysator erreichte Verbesserung der Schadstoffbilanz pro Fahrzeug durch die Vergrößerung der Fahrzeugflotte überkompensiert. Für den ökologischen Effekt kommt es stets auf die absolute Verringerung von Rohstoffentnahme oder Schadstoffeintrag an. Die Effizienzstrategie bedarf also weiterer Ergänzung und Flankierung, um zu einer dauerhaft umweltgerechten Entwicklung zu führen.
Die notwendige Ergänzung der Effizienzstrategie wird in der Suffizienzstrategie gesehen. Die Suffizienzstrategie nimmt ihren Ausgangspunkt in der Einsicht, dass die Menschen in den westlichen Industrieländern über ihre Verhältnisse leben, da sie nicht nur die periodischen Erträge ihrer Wirtschaft nutzen, sondern auch das vorhandene Kapital (z. B. in Form endlicher Rohstoffe) verbrauchen. Suffizienz zielt nun auf eine Selbstbegrenzung durch neue Konsumformen, die dann wiederum veränderte Produktionsverfahren induzieren können und sollen. Gefordert ist der „Abschied vom „immer mehr" "(Reisch 1998). Das Leitbild eines derart veränderten Lebensstils lässt sich mit der Forderung „Gut leben statt viel haben" treffend beschreiben (Bund/Misereor 1997).

Suffizienz erfordert nun nicht, wie die Strategie der Effizienz, vor allem technische Innovationen, sondern zielt auf eine mit sozialen Innovationen verbundene Veränderung sozialer Beziehungen (Reisch 1999) und ist damit wesentlich schwieriger umzusetzen. Dabei kann es für die Privaten Haushalte nicht um einen völligen Konsumverzicht gehen, sondern es wird gesucht nach neuen, die Umwelt dauerhaft weniger belastenden Konsummustern, z. B. mieten, teilen oder tauschen statt zu kaufen bzw. der Devise „Dienstleistung statt Produkt" zu folgen (Reisch 1998). Beispiele für bereits praktizierte derartige Verfahren sind das Car Sharing oder die Nutzung von Barter Clubs. Diese bleiben bislang jedoch vereinzelt und damit für eine kurzfristige Verbesserung der Umweltsituation nahezu bedeutungslos.
Unklar bleibt in diesem Konzept jedoch, wie das Konzept einer auf breiter Front erfolgenden Umstrukturierung von gewohnten Verhaltens- und Konsummustern in einer modernen Gesellschaft um- und durchgesetzt werden kann. Offensichtlich trifft dieses Konzept – bei einem belegten hohen Stand des Umweltbewusstseins – auf strukturelle Barrieren, die der einfachen und raschen Durchsetzung von dem Kriterium der Nachhaltigkeit genügenden Konsummustern entgegenstehen.

6.3.3 Barrieren auf dem Weg zu einem nachhaltigen Konsum

Trotz eines mehrfach nachgewiesenen hohen Stands des Umweltbewusstseins hat sich die Wende hin zu auf Dauer angelegten ökologieverträglicheren Konsum- und Verhaltensweisen noch nicht vollzogen. Aus ökonomischer Sicht werden in diesem Zusammenhang vier Argumente für zentral gehalten:

1. die vergleichsweise höheren individuellen Kosten umwelt- und sozialverträglicherer Verhaltensweisen,
2. die Tatsache, dass Umweltprobleme in der Regel als Nebenfolgen ökonomisch oder sozial motivierter Handlungen auftreten,
3. der Charakter von Umweltleistungen als öffentliches Gut und
4. fehlende Informationen über die möglichen Verhaltensalternativen.

Verhaltensweisen, die eher als die heutzutage praktizierten dem Kriterium der Nachhaltigkeit genügen könnten, sind für den Einzelnen in der Regel mit der Übernahme von Unbequemlichkeiten, höherem Organisationsaufwand sowie finanziellen und zeitlichen Nachteilen verbunden. Der Grund dafür liegt darin, dass die ökologisch, sozial und ökonomisch bedenklichen Folgewirkungen individueller Verhaltensweisen heute häufig auf Dritte (z. B. nachfolgende Generationen) abgewälzt werden können. All diese Elemente lassen sich ökonomisch als Kosten verstehen. Dem

Kriterium der Nachhaltigkeit eher genügende Lebens- und Konsummuster sind damit in der Regel die teurere Verhaltensalternative. Wenn Individu en aber unter gegebenen Verhaltensalternativen systematisch diejenige auswählen, die ihnen als die – an den individuellen Bedürfnissen gemessen – vorteilhafteste erscheint, so kann eine mehrheitliche Adaption „teurerer" Lebens- und Konsummuster nicht erwartet werden.
Von zentraler Bedeutung ist darüber hinaus die Erkenntnis, dass die Umweltwirkungen menschlichen Verhaltens in der Regel unbewusst oder ungewollt entstehen. Sie sind meist unintendierte Nebenfolgen bei der Verfolgung sozial oder ökonomisch motivierter Handlungen (Hirsch 1993, Boudon 1979, 57ff.). So möchten Autofahrer nicht die Umwelt mit Lärm- und Schadstoffemissionen schädigen, sondern vielmehr von A nach B gelangen. Die entstehende Umweltbelastung wird dabei (allerdings meist wissentlich) in Kauf genommen, da sich der jeweils individuelle Beitrag zum Phänomen „Umweltbelastung" als nahezu unbedeutend gering ausnimmt. Als soziales Phänomen entstehen Umweltprobleme erst aus der Aggregation einer Unzahl individueller Beiträge. Aber genau weil die ökologischen Effekte nur als Nebenfolgen anders motivierter Handlungen anfallen, lassen sie sich den Individuen gegenüber nur in Ausnahmefällen zum das Verhalten bestimmenden Hauptzweck erheben und im Fall von Zielkonflikten – und nur um diese Fälle geht es letztlich – gegenüber den eigentlichen Motivationen mit der Folge dortiger Zieleinbußen überordnen. Dieser Zusammenhang erscheint aus ökonomischer Perspektive unaufhebbar.
Hier schließt sich direkt ein drittes Argument an: Umweltprobleme haben in der modernen Gesellschaft den Charakter eines öffentlichen Guts (vgl. auch Unterkapitel 3.2 Stellung und Bedeutung des homo oeconomicus). Von der Nutzung einer intakten Umwelt kann, ist sie erst einmal bereitgestellt, niemand ausgeschlossen werden, gleichgültig ob die Person für deren Erstellung oder Erhalt einen Beitrag geleistet hat oder nicht. Unter der Annahme, dass ökologieverträglicheres Verhalten immer noch mit der Übernahme von Unbequemlichkeiten und Mühen – also Kosten – verbunden ist und sich eine Verbesserung der Umweltsituation nur dann einstellt, wenn sich angesichts nur marginaler individueller Verbesserungsbeiträge hinreichend viele ökologieverträglich verhalten, kann man davon ausgehen, dass Gesellschaftsmitglieder versuchen werden, die Trittbrettfahrerposition einzunehmen, und in der Hoffnung, die jeweils anderen werden ihren Beitrag schon leisten, den eigenen Beitrag verweigern. Das Ergebnis wird sein, dass sich in der Gesellschaft unter den gegebenen Anreizstrukturen ein ökologieverträglicheres Konsumverhalten nicht einstellen wird.
Ein viertes Argument sei hier genannt: Selbst wenn Verbraucher bereit wären, ihr Konsumverhalten an Kriterien der Nachhaltigkeit auszurichten, so werden sich diese vor kaum zu bewältigende Informations- und Ent-

scheidungsprobleme gestellt sehen (Reisch 1998). Entscheidungsprobleme ergeben sich da, wo Verbraucher Handlungs- oder Kaufalternativen hinsichtlich ihres jeweiligen Beitrags zur Nachhaltigkeit beurteilen müssten: Wie weit dürfen Pfandbehältnisse gefahren werden, damit sie gegenüber Einwegverpackungen noch eine positive Ökobilanz aufweisen? Ist es sinnvoller, Äpfel von den Streuobstwiesen der heimischen Bauern oder aber Bananen aus fairem Handel zu kaufen? Sind die ökonomischen Wirkungen von Infrastrukturmaßnahmen höher zu bewerten als mögliche Einbußen im Naturschutz? Diese Fragen sind für den durchschnittlichen Einzelnen nicht objektiv entscheidbar.
Hinzu tritt das Problem, dass insbesondere Angaben über die Umwelt- oder Sozialverträglichkeitseigenschaften von Gütern Vertrauensgutcharakter besitzen und damit für Einzelne nicht überprüfbar bleiben. Die gute Absicht von Verbrauchern, mit dem Kauf (vermeintlich) ökologie- oder sozialverträglicher Produkte eine Entwicklung hin zu mehr Nachhaltigkeit zu unterstützen, kann leicht ausgebeutet werden (Kaas 1993). Wenn aber genau diese Produktqualitäten kein verlässliches Kriterium zur Diskriminierung alternativer Angebote liefern und es der Gesellschaft nicht gelingt, mit hoher Glaubwürdigkeit ausgestattete Institutionen zur Zertifizierung derartiger Produkte ins Leben zu rufen, dann werden sich Verbraucher auf Dauer wieder an den objektivierbaren Gütermerkmalen orientieren (vgl. auch Unterkapitel 5.3 Informationsökonomische Sicht von Verbraucherproblemen).
Die Problematik der Umwelt als ein öffentliches Gut und der Charakter von Nachhaltigkeitskriterien als Vertrauensgüter deutet an, dass die Hinwendung zu dem Leitbild der Nachhaltigkeit verpflichteten Konsum- und Lebensweisen kaum allein über eine Strategie der Bewusstseinsveränderung, wohl aber über eine Veränderung des institutionellen Arrangements, unter dem Verbraucher handeln, zu erreichen sein wird.

7 Anhang

Zeitraum	Erwerbspersonen	Erwerbsquote	Erwerbstätige Inländer	davon Arbeitnehmer	Arbeitslose
	in Tsd.	i. v. H.	in Tsd.	i. v. H.	in Tsd.
1960	26.518	47,8	26.247	77,2	271
1965	27.034	46,1	26.887	80,9	147
1970	26.817	44,2	26.668	83,4	149
1975	27.184	44,0	26.110	86,0	1.074
1980	27.948	45,4	27.059	88,3	889
1985	28.897	47,4	26.593	88,6	2.304
1990	30.369	48,0	28.486	89,4	1.883
1991	40.681	50,9	38.499	90,7	2.602
1995	40.531	49,6	37.330	89,7	3.612
1999	41.307	50,3	37.879	89,6	4.099
2002	42.006	50,9	38.610	89,4	4.060

Abb. a_1.1.3_1: Entwicklung der Erwerbstätigkeit in der Bundesrepublik Deutschland
Quelle: SVR, Jahresgutachten 1995/96, 2000/2001 und 2003/2004

	1950	1960	1970	1980	1990	1995	1998
	€ (nominal)						
Bruttoeinnahmen insgesamt	174,9	388,1	770,5	1890,2	2829,5	3369,4	4391,5
Ausgabefähige Einkommen	155,9	343,1	642,2	1530,3	2344,8	2734,9	3578,0
Ausgaben für den privaten Verbrauch (Marktentnahme)	150,3	328,2	556,8	1249,1	1765,0	2097,8	2728,8
Anteil der Marktentnahme am ausgabefähigen Einkommen i. v. H.	49,3	48,9	44,3	41,7	38,4	39,2	39,0

Abb. a_1.1.5_1: Einnahmen und Ausgaben des Vier-Personen-Haushalts pro Monat in den westdeutschen Bundesländern 1950 bis 1998 (1998 Gesamtdeutschland), 1 € = 1.95583 DM
Quelle: Statistisches Bundesamt, Statistisches Jahrbuch (div. Jgg.)

	1950	1960	1970	1980	1990	1995	1998
	€ (nominal)						
Ausgaben für den privaten Verbrauch (Marktentnahme)	150,3	328,2	556,8	1249,1	1765,0	2097,8	2728,8
Anteile an den Ausgaben	i.v.H.						
Nahrungsmittel, Getränke, Tabakwaren	50,7	43,5	35,3	28,1	24,1	21,8	16,1
Wohnungsmiete	10,2	9,9	15,5	16,4	21,6	23,9	23,7
Güter/Dienstleistungen für den Haushalt	4,5	7,9	9,0	9,4	7,2	6,7	7,2
Elektrizität, Gas, Brennstoffe	5,3	4,5	4,7	6,5	3,7	5,0	4,5
Kleidung, Schuhe	13,2	13,1	10,8	9,3	8,1	6,7	5,9
Körper- und Gesundheitspflege		3,1	3,6	3,0	3,7	3,4	2,7
Bildung, Unterhaltung, Erholung	7,0	8,4	7,3	8,6	10,6	11,3	11,9
Verkehr und Nachrichtenübermittlung	2,1	4,7	10,8	14,0	15,9	17,2	17,0
Sonstige Ausgaben	0,7	0,8	3,0	4,8	3,5	4,0	4,4

Abb. a_1.1.5_2: Monatlicher privater Konsum des Vier-Personen-Arbeitnehmer-Haushalts (bis 1995: mit mittlerem Einkommen) in den alten Bundesländern (1998 Gesamtdeutschland), 1 € = 1.95583 DM
Quelle: Statistisches Bundesamt, Statistische Jahrbücher

Einkommensart	Selbstständige	Beamte	Angestellte	Arbeiter	Nicht-erwerbstätige
	Anteile i. v. H. am gesamten Haushaltsbruttoeinkommen				
Bruttoeinkommen aus unselbstständiger Arbeit	13,7	73,4	78,6	76,6	5,7
Bruttoeinkommen aus selbstständiger Arbeit	58,8	2,6	1,7	1,5	1,1
Einnahmen aus Vermögen und Vermietung	20,6	13,7	10,8	11,1	20,6
Einnahmen aus öffentlichen Transferzahlungen	4,9	7,2	6,2	8,0	62,7
Einnahmen aus nichtöffentlichen Transferzahlungen	2,1	3,1	2,7	2,8	9,9

Abb. a_1.2.3_2: Einkommensquellen der Privaten Haushalte 1998 nach sozialer Stellung des Haupteinkommensbeziehers
Quelle: Daten der EVS 1998; HSL, http://www.hsl.de/Abt2/verbrauch/monatliche_einkommen03.htm (21.09.2004)

Jahr	Privathaushalte insgesamt	Davon mit … Personen					Bevölkerung in Privathaushalten	Personen je Haushalt
		1	2	3	4	5 und mehr		
	in 1000	%					in 1000	Anzahl
1950	16.650	19,4	25,3	23,0	16,4	16,1	49.850	2,99
1957	17.919	17,5	26,2	23,3	17,1	15,9	51.673	3,00
1961	19.460	20,6	26,5	22,6	16,0	14,3	56.012	2,88
1966	21.540	23,9	27,7	20,7	15,3	12,4	58.971	2,74
1970	21.991	25,1	27,1	19,6	15,2	13,0	60.176	2,74
1975	23.722	27,6	28,4	18,3	15,1	10,6	61.563	2,60
1980	24.811	30,2	28,7	17,7	14,6	8,8	61.481	2,48
1985	26.367	33,6	29,8	17,1	13,2	6,3	61.006	2,31
1990	28.175	35,0	30,2	16,7	12,8	5,3	63.492	2,25
1995	36.938	35,0	32,1	15,8	12,4	4,7	81.894	2,22
2000	38.124	36,1	33,4	14,7	11,5	4,4	82.473	2,16
2002	38.720	36,7	33,7	14,2	11,1	4,2	82.823	2,14

Abb. a_1.2.4_1: Private Haushalte in der Bundesrepublik Deutschland nach Zahl der Personen, ab 1995 alte und neue Bundesländer

Quelle: Statistisches Bundesamt, Statistisches Jahrbuch, div. Jgg.

	Kognitiver Aufwand/Planungs-Aktivität	Subjektiv empfundenes finanzielles, qualitatives, soziales, ökologisches Risiko	Häufig-/ Regelmäßigkeit	Verhaltensdisposition
Spontan-/ Impulsivkäufe	keine	nicht vorhanden	häufig/ unregelmäßig	Reiz (Auslöser) bewirkt unmittelbar Kaufreaktion
Gewohnheitskäufe	gering, Orientierung an Erfahrungen, bei Zufriedenheit: Wiederholung	in der Regel gering	häufig/ regelmäßig	wenig Informationen vor dem Kauf/stark selektive Wahrnehmung des Angebots/ausgeprägte Bezugsquellenbindung
vereinfachte Kaufentscheidungen	Planung des Mitteleinsatzes bei gegebenen Kaufzielen	höher	seltener/ unregelmäßig	größere Bereitschaft zur Informationssuche/geringere Bezugsquellenbindung
extensive Kaufentscheidungen	umfassende Planung des Kaufzieles (Bedarfsprioritäten *und* Mitteleinsatz)	hoch	selten/ unregelmäßig	hohe Bereitschaft zu umfassender Informationssuche/geringe Bezugsquellenbindung

Abb. a_5.1.4_1: Typologie von Kaufentscheidungen
Quelle: IÖB, Universität Münster

8 Internetadressen

Kapitel 1

Statistisches Bundesamt:
http://www.destatis.de/basis/d/vgr/vgrtab7.htm {Das Online-Angebot des Statistischen Bundesamtes umfasst unter anderem tagesaktuelle statistischen Informationen, Grund- und Strukturdaten aus nahezu allen Bereichen der amtlichen Statistik, Monats- und Quartalsergebnisse aus dem Wirtschaftsleben, Indikatoren usw.}

Literaturverzeichnis

Sonderforschungsbereich 504 der Uni Mannheim:
http://www.sfb504.uni-mannheim.de/publications/dp99-02.pdf {Forschungsbericht des Jahrs 1999 zum Thema Ersparnis, Vermögen und Einkommen}

FTK – Forschungsinstitut für Telekommunikation:
http://www.ecin.de/marktbarometer/2001 {generelle Informationen zum Thema E-Commerce}

GfK Aktiengesellschaft:
http://www.gfk.de/produkte/eigene_pdf/WebScope2deuro.pdf {Folien zum Thema E-Commerce, sehr ansprechend aufbereitete Folien zum Thema}

GSF-Projektträger UK:
http://www.gsf.de/ptukf/bmbf/laufSchwp/nachkons/index.html {In fünf vom BMBF-Projektträger Umwelt- und Klimaforschung (UKF) betreuten Modellvorhaben werden darin Konzepte für nachhaltigen Konsum im Zusammenwirken mit gesellschaftlichen Gruppen erarbeitet.}

teltarif.de Onlineverlag GmbH:
http://www.teltarif.de/arch/2001/kw03/s4072.html {Bericht über die Pro-Kopf Ausgaben von Online-Shoppern}

Sachverständigenrat:
http://www.sachverstaendigenrat-wirtschaft.de/ {generelle Informationen zum Sachverständigenrat}

Verband der Automobilindustrie:
http://www.vda.de/de/vda/intern/organisation/abteilungen/arv_02_2.html {Liberalisierung der Wirtschaft vor dem Hintergrund weltweiter Krisen. Eine Einschätzung}

9 Literaturverzeichnis

Abel, B. (1983): Grundlagen der Erklärung menschlichen Handelns – Zur Kontroverse zwischen Konstruktivisten und Kritischen Rationalisten, Tübingen: Mohr

Adler, J. (1998): Eine informationsökonomische Perspektive des Kaufverhaltens, in: Wirtschaftswissenschaftliches Studium, 341-347

Akerlof, G. A. (1970): The Market for „Lemons": Quality, Uncertainty and the Market Mechanism, in: Quarterly Journal of Economics, 84, 488-500

Albers, H. J. (2001): Die privaten Haushalte als Wirtschaftssektor, in: May, H. (Hg.): Handbuch zur ökonomischen Bildung, 5. A., München: Oldenbourg, 49-63

Bach, H.-U. (2001): Arbeitsvolumen steigt wieder dank mehr Beschäftigung, in: iab Kurzbericht 3/ 2001, 1-6

Backhaus, K./Bonus, H. (1997): Die Beschleunigungsfalle oder der Triumph der Schildkröte, 2. A., Stuttgart: Schäffer-Poeschel

Becker, G. S. (1993): Der ökonomische Ansatz zur Erklärung menschlichen Verhaltens, 2. A., Tübingen: Mohr

Becker, G. S./Becker, G. N. (1998): Die Ökonomik des Alltags – Von Baseball über Gleichstellung zur Einwanderung: Was unser Leben wirklich bestimmt, Tübingen: Mohr

Bedau, K.-D. (1999): Ersparnis und Vorsorgeaufwendungen nach Haushaltsgruppen, DIW-Diskussionspapiere Nr. 187, Berlin: DIW

BMA (2001): Arbeits- und Sozialstatistik. Statistisches Taschenbuch 2001, Bonn

BMA (2004): Arbeits- und Sozialstatistik. Statistisches Taschenbuch 2004, Bonn

Börsch-Supan, A. u. a. (1999): Ersparnisbildung in Deutschland: Messkonzepte und Ergebnisse auf Basis der EVS, Mannheim (http://www.sfb504.uni-mannheim.de/publications/dp99-02.pdf)

Bonus, H. (1998): Wenn Vertrauensbildung zum Schlüsselfaktor wird, in: Neue Zürcher Zeitung, Nr. 146 v. 27./28. Juni

Boudon, R. (1979): Widersprüche sozialen Handelns, Darmstadt/ Neuwied: Luchterhand

Brock, D. (1997): Wirtschaft und Staat im Zeitalter der Globalisierung. Von nationalen Volkswirtschaften zur globalisierten Weltwirtschaft, in: Aus Politik und Zeitgeschichte, B 33-34, 1997, 12-19

BUND/Misereor (1997): Zukunftsfähiges Deutschland. Ein Beitrag zu einer global nachhaltigen Entwicklung, 4. A., Basel, Boston u. a.: Birkhäuser

Chlumsky, J./Ehling, M. (1997): Grundzüge des künftigen Konzepts der Wirtschaftsrechnungen der privaten Haushalte, in: Wirtschaft und Statistik 7/1997, 455-461

Conlisk, J. (1996): Why Bounded Rationality?, in: Journal of Economic Literature, 34, 669-700

Deutsche Bundesbank (2003): Finanzierungsrechnung 1992 bis 2002, Frankfurt a.M.

Deutscher Bundestag (1998): Fünfter Zwischenbericht der Enquete-Kommission „Zukunft der Medien in Wirtschaft und Gesellschaft – Deutschlands Weg in die Informationsgesellschaft“ zum Thema Verbraucherschutz in der Informationsgesellschaft, Bundestagsdrucksache 13/11003, Bonn

Deutscher Bundestag (2001 a): Lebenslagen in Deutschland. Erster Armuts- und Reichtumsbericht der Bundesregierung, Bundestagsdrucksache 14/5990, Berlin

Deutscher Bundestag (2001 b): Materialband: Lebenslagen in Deutschland. Erster Armuts- und Reichtumsbericht der Bundesregierung, Bundestagsdrucksache 14/5990, Berlin

Diekmann, A./Preisendörfer, P. (2001): Umweltsoziologie – Eine Einführung, Reinbek bei Hamburg: Rowohlt-Taschenbuch

Drexl, J. (1998): Die wirtschaftliche Selbstbestimmung des Verbrauchers : eine Studie zum Privat- und Wirtschaftsrecht unter Berücksichtigung gemeinschaftsrechtlicher Bezüge, Tübingen: Mohr Siebeck

Emons, W. (2001): Wissenschaft für die Praxis - Information, Märkte, Zitronen und Signale, in: Wirtschaftsdienst,Vol.81, Nr. 11, 664-667

FAZ (2004): Zahl der Internet-Nutzer wächst nur noch schwach, in: Farnkfurter Allgemeines Zeitung, Nr. 213, 13.09.2004

Frank, R. H./Gilovich, T. D. u. a. (1993): Does Studying Economics Inhibit Cooperation?, in: Journal of Economic Perspectives, Vol. 7, Nr.2, 159 172

Frank, R. H./Gilovich, T. D. u. a. (1996): Do Economists Make Bad Citizens?, in: Journal of Economic Perspectives, Vol.10, Nr.1, 187-192

Franke, S. F. (1996): (Ir)rationale Politik? Grundzüge und politische Anwendungen der Ökonomischen Theorie der Politik, Marburg: Metropolis

Frey, B. S. (1990): Ökonomie ist Sozialwissenschaft – Die Anwendung der Ökonomie auf neue Gebiete, München: Vahlen

Friedrichs, J. (1997): Globalisierung – Begriff und grundlegende Annahmen, in: Aus Politik und Zeitgeschichte, B 33-34/ 1997, 3-11

Galbraith, J. K. (1974): Wirtschaft für Staat und Gesellschaft, München u.a.: Droemer Knauer

Gatzke, M./Koyro, R. u. a. (2001): eCommerce 2001. Das große Reinemachen, (http://www.ecin.de/marktbarometer/2001)

Gerth, G./Barth, A. u. a. (1999): Abschlussbericht zur Untersuchung „Elektronischer Einkauf in Europa", Berlin: Stiftung Warentest

Giddens, A. (1995): Konsequenzen der Moderne, Frankfurt a.M.: Suhrkamp

GFK-Web*Scope (2001): E-Commerce. Tracking mit einem Internet-Nutzer-Panel, (http://www.gfk.de/produkte/eigene_pdf/WebScope2deuro.pdf)

Glotz, P. (2000): Die Zukunft der Informationsgesellschaft, Vortrag am 13.9.2000 im Rahmen der Veranstaltung im Rahmen des Migros-Kulturprozents „digital brainstorming" (http://www.kulturprozent.ch/digitalbrainstorming/referenten/glotz/)

GSF – UKF (2001): Nachhaltiger Konsum, (http://www.gsf.de/ptukf/bmbf/laufSchwp/ nachkons/index.html)

Heiner, R. A. (1983): The Origins of Predictable Behaviour, in: American Economic Review, 73, 560-595

Hirsch, F. (1980): Die sozialen Grenzen des Wachstums, Reinbek bei Hamburg: Rowohlt:

Hirsch, G. (1993): Wieso ist ökologisches Handeln mehr als eine Anwendung ökologischen Wissens?, in: GAIA. Ecological Perspectives in Science, Humanities, and Economics, 141-151

Hirschman, A. O. (1974): Abwanderung und Widerspruch, Tübingen: Mohr

Homann, K. (1988): Rationalität und Demokratie, Tübingen: Mohr

Huber, J. (1995): Nachhaltige Entwicklung durch Suffizienz, Effizienz und Konsistenz, in: Fritz, P./Huber, J./Levi, H.W. (Hg.): Nachhaltigkeit in naturwissenschaftlicher und sozialwissenschaftlicher Perspektive, Stuttgart: Hirzel, 31-46

iw Köln (Institut der Deutschen Wirtschaft) (2001): Deutschland in Zahlen, Köln: Dt. Inst.-Verl.

Kaas, K. P. (1993): Informationsprobleme auf Märkten für umweltfreundliche Produkte, in: Wagner, G. R. (Hg.): Betriebswirtschaft und Umweltschutz, Stuttgart: Schäffer-Poeschel, 29-43

Kaminski, H. (2001): Ökonomische Bildung und Globalisierung, in: Unterricht Wirtschaft, Heft 5: Friedrich, 3-10

Karpe, J. (1999): Globalisierung unter besonderer Berücksichtigung von Beschäftigungsproblemen, in: arbeiten + lernen/Wirtschaft, Nr. 36: Friedrich, 26-36

Karpe, J./Krol, G.-J. (1997): Ökonomische Verhaltenstheorie, Theorie der Institutionen und ökonomische Bildung, in: Kruber, K.-P. (Hg.): Konzeptionelle Ansätze ökonomischer Bildung. Wirtschafts- und Berufspädagogische Schriften, Band 17, Bergisch Gladbach: Hobein, 75-102

Karpe, J./Krol, G.-J. (1999): Funktionsbedingungen moderner Gesellschaften und Neue Institutionenökonomik als Herausforderung für die ökonomische Bildung, in: Krol, G.-J./K.-P. Kruber (Hg.): Die Marktwirtschaft an der Schwelle zum 21. Jahrhundert – Neue Aufgaben für die ökonomische Bildung. Bergisch Gladbach: Hobein, 21-48

Kirchgässner, G. (1993): Hält sich der Homo oeconomicus an Regeln? Einige Bemerkungen zur Rolle von Normen und Regeln im Rahmen der Konzeption des ökonomischen Verhaltensmodells, in: Jahrbuch für Neue Politische Ökonomie, Band 12, Tübingen, Mohr 181-197

Kirchgässner, G. (2000): Homo oeconomicus – Das ökonomische Modell individuellen Verhaltens und seine Anwendung in den Wirtschafts- und Sozialwissenschaften, Tübingen: Mohr Siebeck

Kirsch, G. (1997): Neue Politische Ökonomie, 4. A., Düsseldorf: Werner

Knobloch, U. (1994): Theorie und Ethik des Konsums, Bern u. a.: Haupt

Kroeber-Riel, W. (1975): Konsumentenverhalten, München: Vahlen

Kroeber-Riel, W./Weinberg, P. (1999): Konsumentenverhalten. 7. A., München: Vahlen

Krol, G.-J. (1988): Das Konzept rationalen Verhaltens als Bezugsrahmen für eine integrative Theorie des Konsumentenverhaltens. In: Bundesfachgruppe für ökonomische Bildung (Hg.), Ökonomische Bildung – Aufgabe für die Zukunft, Bergisch Gladbach: Hobein

Krol, G.-J. (1997): Ökonomische Verhaltenstheorie, in: May, H. (Hg.): Handbuch zur ökonomischen Bildung, 3. A., München, Wien: Oldenbourg, 15-31

Krol, G.-J. (1998): „Sustainable Development" und Konsum als Gegenstand schulischer Bildungsprozesse, in: Engelhard, K. (Hg.): Umwelt und nachhaltige Entwicklung. Ein Beitrag zur Lokalen Agenda 21, Münster, New York u. a.: Waxmann, 111-126

Krol, G.-J. (o. J.): Sustainability als Herausforderung für die Umweltbildung. Sozialökonomische Aspekte, in: Arbeitskreis Gymnasium und Wirtschaft e.V. (Hg.): Sustainable Development. Beiträge der Umweltbildung für eine nachhaltige, umweltgerechte Entwicklung. Dokumentation einer Expertentagung vom 15. bis 16.12.1995 in Kloster Banz, München

Kuhlmann, E. (1990): Verbraucherpolitik. Grundzüge ihrer Theorie und Praxis, München: Vahlen

Lehmann, E. (1999): Asymmetrische Information und Werbung, Wiesbaden: Dt. Univ. Verlag

Lindenberg, S. (1993): Framing, Empirical Evidence, and Applications, in: Jahrbuch für Neue Politische Ökonomie, Band 12, Tübingen: Mohr, 11-38

Maslow, A. H. (1954): Motivation and personality, New York, Harper

McKinsey & Company/ MMXI (2001): Surfen oder Schnuppern: Wer nutzt das Internet wofür?, (http://www.medientage-muenchen.de/archiv/pdf/abend_pauschert.pdf)

Mitropoulos, S. (1997): Verbraucherpolitik in der Marktwirtschaft : Konzeptionen und internationale Erfahrungen, Berlin: Duncker & Humblot

Neuner, M. (1998): Ein positiver Ansatz kollektiven Verbraucherverhaltens: Die Prototypingstrategie, in: Neuner, M. u. L.A. Reisch (Hg.), Konsumperspektiven. Verhaltensaspekte und Infrastruktur, Berlin: Duncker & Humblot, 153-172

Otte, G. (Hg.) (1986): Einführung in das Bürgerliche Recht, Heidelberg: C. F. Müller

Paqué, K.-H. (2001): Soziale Marktwirtschaft und globale „New Economy“: Ein Widerspruch?, in: Aus Politik und Zeitgeschichte, Vol51, Nr.9, B 9/ 2001, 31-38

Picot, A./Reichwald R./u. a. (2001): Die grenzenlose Unternehmung. Information, Organisation und Management, 4. A., Wiesbaden: Gabler

Ramb, B.-T./Tietzel, M. (Hg.) (1993): Ökonomische Verhaltenstheorie, München: Vahlen

Rebenstock, F. (2001): Deutsche Online-Shopper geben 202 Mark/Monat im Internet aus, (http://www.teltarif.de/arch/2001/kw03/s4072.html)

Reisch, L. (1998): Abschied vom „immer mehr“, in: Wege aus der Wachstumsfalle. Politische Ökologie, Sonderheft 11 München: Heinrich-Böll-Stiftung, 43-47

Reisch, L. (1999): Nachhaltiger Konsum, in: WISU, Nr. 5/1999, 85-88

Richter, R. (1994): Institutionen ökonomisch analysiert, Tübingen: Mohr

Scherhorn, G. (1975): Verbraucherinteresse und Verbraucherpolitik, Göttingen, Schwartz

Schlösser, H. J. (2001): Die Zukunft der Arbeit, in: May, H. (Hg.): Handbuch zur ökonomischen Bildung, 5. A., München: Oldenbourg, 127-142

Scitovski, T. (1977): Psychologie des Wohlstands, Frankfurt: Campus-Verlag

Simon, H. A. (1978): Rationality as a Process and as Product of Thought, in: American Economic Review, Papers and Proceedings, 68, 1-16

Sinn, H.-W. (1989): Kommentar zum Beitrag von G. Magoulas: Verbraucherschutz als Problem asymmetrischer Informationskosten, in: Ott, C./Schäfer, H.-B. (Hg.): Allokationseffizienz in der Rechtsordnung. Berlin, Heidelberg u. a.: Springer-Verlag, 81-89

Smith, A. (1878): Untersuchung über das Wesen und die Ursachen des Volkswohlstandes, 3. Bd., Berlin

Specht, G. (1979): Die Macht aktiver Konsumenten, Stuttgart: Peschel

Statistisches Bundesamt (2001): Datenreport 1999, 2. A., Bonn: Bundeszentrale für politische Bildung

Statistisches Bundesamt (2003): Statistisches Jahrbuch 2003, Wiesbaden

Statistisches Bundesamt (2004): Datenreport 2004, Bonn: Bundeszentrale für politisches Bildung (http://www.destatis.de/datenreport)

Statistisches Bundesamt (2004a): Einkommens- und Verbrauchsstichprobe – Ausgewählte Ergebnisse zu den Einkommen und Ausgaben privater Haushalte, 1. Halbjahr 2003, Wiesbaden

SVR, (div. Jahrgänge): Jahresgutachten, (http://www.sachverstaendigenrat-wirtschaft.de/) (http://www.destatis.de/)

Tietzel, M. (1989): Probleme der asymmetrischen Informationsverteilung beim Güter- und Leistungsaustausch, in: Ott, C./Schäfer, H.-B. (Hg.): Allokationseffizienz in der Rechtsordnung. Berlin, Heidelberg u. a.: Springer, 52-63

Töpper, A./Müller, P. (2000): Qualitätskennzeichnung beim E-Commerce, Berlin

Umweltbundesamt (1998): Nachhaltiges Deutschland – Wege zu einer dauerhaft umweltgerechten Entwicklung, 2. A., Berlin: E. Schmidt

VDA (2001): Liberalisierung vor dem Hintergrund weltweiter Krisen, (http://www.vda.de/de/vda/intern/organisation/abteilungen/arv_02_2.html)

Weiber, R./Adler, J. (1995): Informationsökonomisch begründete Typologisierung von Kaufprozessen, in: Zeitschrift für betriebswirtschaftliche Forschung, Vol.47, Nr.1: Handelsblatt, 43-65

Weizsäcker, E. U. von/Lovins, A. B./Lovins, L. H. (1995): Faktor Vier. Doppelter Wohlstand – halbierter Naturverbrauch, München: Droemer Knaur

Welzmüller, R. (1997): Zu den Folgen der Globalisierung für die nationalen Güter-, Finanz- und Arbeitsmärkte, in: Aus Politik und Zeitgeschichte, Vol.47, B 33-34/1997, Bonn Bundeszentrale 20-28

Zimmermann, G. (2000): Die Überschuldung privater Haushalte. Studie im Auftrag des Deutschen Caritasverbandes und des Diakonischen Werkes der Evangelischen Kirche, Freiburg: Lambertus

10 Glossar

Abwanderung
Entzug von Nachfrage bzw. Loyalität (Exit) wegen Unzufriedenheit mit dem jeweiligen Angebot. Sie stellt neben den Artikulationsaktivitäten Widerspruch und Kritik (Voice) die zentrale Strategie zur Ausübung der Informations- und Sanktionsfunktion der Konsumenten (Nachfrager) in einer arbeitsteilig organisierten Volkswirtschaft dar.

adverse Selektion
Fehlsteuerung auf Märkten aufgrund von Informationsasymmetrien, beispielsweise indem schlechte Qualitäten die guten vom Markt verdrängen. In der Regel ist die Produktion überlegener Qualitäten mit höheren Kosten verbunden. Können aber Verbraucher die Qualität von Gütern nicht einschätzen, werden sie sich beim Kauf am Preis orientieren. Das Ergebnis wird sein, dass gute Qualitäten verdrängt werden, wenn überlegene Qualitäten nicht glaubwürdig kommuniziert werden können.

Angebotskurve
Ordnet alternativen Marktpreisen die jeweiligen Angebotsmengen zu.

Anreize
Wirkungen von ökonomischen und politischen Maßnahmen, die Verhaltensweisen nicht verbindlich vorschreiben, sondern (gesellschaftlich erwünschte) Verhaltensweisen durch Gewährung von (pekuniären, sozialen, zeitlichen) Vorteilen belohnen bzw. unerwünschte Verhaltensweisen mit der Belegung von Nachteilen bestrafen.

Artikulationsaktivitäten
Widerspruch und Kritik (Voice) zur Wahrnehmung der Informations- und Sanktionsfunktion der Konsumenten (Nachfrager). Einzig verfügbare Strategie zur Wahrnehmung dieser Funktionen, wenn keine Wahlmöglichkeiten bestehen bzw. die Alternative der Abwanderung nur zu unzumutbar hohen Kosten zum Einsatz kommen kann.

Ausschlussprinzip (der Preise)
Wesentliches Unterscheidungsmerkmal zwischen öffentlichen und privaten Gütern. Voraussetzung für die Geltung dieses Prinzips ist, dass jeder, der nicht bereit ist, sich an den Kosten der Bereitstellung eines Guts zu beteiligen, von der Nutzung dieses Guts ausgeschlossen werden kann. Nur wenn das Ausschlussprinzip angewendet werden kann, kann es im Rahmen der Marktkoordination zu einem Angebot kommen.

Barter Club
Organisation von Menschen mit dem Zweck, Waren und Dienstleistungen untereinander zu tauschen.

Bedarf
Mit Kaufkraft bewertete Bedürfniskonkretisierungen. Der Begriff Bedarf sagt nicht viel über die tatsächliche Intensität eines Bedürfnisses aus.

Bedürfnis
Subjektives Empfinden eines Mangels. Unbefriedigte Bedürfnisse gelten als Triebfeder menschlichen Handelns. Einen Versuch der Strukturierung und Hierarchisierung von Bedürfnissen stellt die Maslow'sche Bedürfnispyramide dar.

Car Sharing
Car Sharing bezeichnet die gemeinschaftliche private Nutzung von Pkws durch eine zu diesem Zweck gegründete Organisation. Hiermit werden in der Regel sowohl ökologische Ziele (verringerte Nutzung und damit geringere Emissionen) als auch finanzielle Ziele (Verteilen der Fixkosten/Fahrzeug auf mehrere Nutzer) verbunden.

Durchschnittskosten
Quotient aus Gesamtkosten und produzierter Gütermenge

Eigennutzaxiom
Methodologische Grundannahme, dass Individuen ihre Entscheidungen zwischen verfügbaren Alternativen unter der Zielrichtung treffen, einen individuellen Vorteil zu erlangen bzw. eine drohende Verschlechterung der individuellen Situation abzuwehren. Ein 'Vorteil' in diesem Sinn umfasst sowohl materielle Werte wie Geld oder Besitzgüter als auch immaterielle Werte wie das Streben nach Ansehen, Status und Macht.

Erfahrungsgut
Kategorie der Informationsökonomik. Als Erfahrungsgüter bezeichnet man solche Güter, bei denen zentrale Eigenschaftsmerkmale erst nach dem Kauf ermittelt werden können wie beispielsweise Qualität des Doseninhalts einer Konserve.

Erwerbspersonen
Zu den Erwerbspersonen zählen die Erwerbstätigen und die registrierten Arbeitslosen. Erwerbstätige sind alle Personen, die einer Erwerbstätigkeit oder auch mehreren Erwerbstätigkeiten nachgehen, unabhängig von der Dauer der tatsächlich geleisteten oder vertragsmäßig zu leistenden wöchentlichen Arbeitszeit.

externe Effekte (Externalitäten)
Wirkungen ökonomischer Aktivitäten auf unbeteiligte Dritte, die nicht über die Märkte abgegolten werden. Nach den Auswirkungen auf Konsum oder Produktion lassen sie sich in Konsumexternalität und Produktionsexternalität unterscheiden. Beide können positiver oder negativer Art sein. Externe Effekte führen zu Fehlallokationen (Fehlsteuerung) der Märkte. Verlagern beispielsweise Konsumenten und Produzenten einen Teil der Handlungsfolgen (Kosten) ihrer wirtschaftlichen Aktivitäten auf unbeteiligte Dritte (negative externe Effekte), so sind deren privat kalkulierte Kosten (und Preise) systematisch zu gering, das jeweilige Aktivitätsniveau also zu hoch. Eine Korrektur der Fehlsteuerung der Märkte aufgrund externer Effekte kann dadurch erfolgen, dass diese internalisiert, d. h. den Verursachern angelastet werden.

Faktormärkte
Faktormärkte sind die Märkte für Produktionsfaktoren Arbeit und Kapital. Auch wenn in jüngster Zeit Wissen bzw. Information als Produktionsfaktor verstanden wird, so werden Märkte für Informationen bislang noch nicht in die Definition der Faktormärkte eingeschlossen.

Garantie
Das vom Verkäufer oder vom Hersteller dem Endverbraucher vertraglich gewährte Recht, ungeachtet der Haftung des Verkäufers, innerhalb einer bestimmten Garantiefrist auftretende Mängel am Kaufgegenstand zu beheben.

Gefangenendilemma
Durch Bedingungsfaktoren charakterisiert, die darauf hinwirken, dass durch Verfolgung des eigenen Vorteils gesellschaftlich unerwünschte Ergebnisse zu Stande kommen. Bei einem Gefangenendilemma fallen individuelle Rationalität und kollektiv Erwünschtes systematisch auseinander: Kooperatives, unmittelbar auf gesellschaftlich erwünschte Ergebnisse zielendes Verhalten bürdet dem einzelnen Akteur unter diesen Rahmenbedingungen höhere Kosten auf als unkooperatives, kollektiv schädigendes Verhalten.

Geschäftsfähigkeit
(Rechtlich definierte) Fähigkeit, Geschäfte für sich wirksam vornehmen zu können. Diese Fähigkeit wird rechtlich eingeschränkt, weil die Rechtsetzungsmöglichkeit des Einzelnen nur dann als sinnvoll angesehen wird, wenn der Betreffende die Folgen seiner rechtsgeschäftlichen Erklärungen verstehen und einschätzen kann. So sind Kinder unter sieben Jahren geschäftsunfähig, während Minderjährige zwischen sieben und 18 als

beschränkt geschäftsfähig gelten. Rechtsgeschäfte wie Kaufverträge bei beschränkt Geschäftsfähigen sind schwebend unwirksam.

Gewährleistung
Die gesetzliche Verpflichtung des Händlers bzw. Verkäufers oder im Einzelfall des Herstellers, Mängel am Kaufgegenstand zu beheben.

Gossen'sches Gesetz, Erstes

> „Die Größe eines und desselben Genusses nimmt, wenn wir mit der Bereitung des Genusses ununterbrochen fortfahren, fortwährend ab, bis zuletzt Sättigung eintritt." (Gossen, 1854)

Stellt einen Zusammenhang zwischen Gütermenge und Nutzen her. Mit sukzessiv steigender Güterausstattung um jeweils eine Einheit nimmt der Nutzenzuwachs ab, wird im Nutzenmaximum (Sättigungsmenge) gleich Null und danach negativ.

Gossen'sches Gesetz, Zweites

> „Der Mensch, dem die Wahl zwischen mehreren Genüssen frei steht, dessen Zeit aber nicht ausreicht, alle vollaus sich zu bereiten, muß, wie verschieden auch die absolute Größe der einzelnen Genüsse sein mag, um die Summe seines Genusses zum Größten zu bringen, bevor er auch nur den größten sich vollaus bereitet, sie alle teilweise bereiten, und zwar in einem solchen Verhältnis, dass die Größe eines jeden Genusses in dem Augenblick, in welchem seine Bereitung abgebrochen wird, bei allen noch die gleiche bleibt." (Gossen, 1854)

Das Nutzenmaximum ist dann erreicht, wenn der Nutzen aus der letzten konsumierten Einheit eines jeden Gutes gleich groß ist.

Grenzkosten
Bezeichnen die Kostenveränderung bei Veränderung der Produktionsmenge. Die Grenznutzenkurve zeigt die Veränderung des Nutzens durch die Veränderung der Ausstattung mit einem Gut.

Höchstpreis
Preisfixierung, die unterhalb der sich sonst ergebenden Marktpreise liegt. Höchstpreise führen zu sinkendem Angebot und Nachfrageüberhängen, die abgebaut werden müssen, wenn der Höchstpreis Bestand haben soll.

Informationsasymmetrien
Beziehen sich auf systematische Informationsgefälle zwischen Anbietern und Nachfragern. Auf den Konsumgütermärkten sind Informationsasymmetrien zu Lasten der Konsumenten die Regel. Aber es gibt Ausnahmen wie z. B. Versicherungsmärkte oder Kreditmärkte, auf denen in der Regel der Nachfrager das Versicherungsrisiko oder das Kreditausfallrisiko besser beurteilen kann als der Anbieter. Als Folge von Informationsasymmetrien kann es zu Marktversagen kommen, beispielsweise zu adverser Selektion, bei der schlechte Qualitäten die guten vom Markt verdrängen.

Insolvenzordnung
Schaffte ab 1999 ein für die ganze Bundesrepublik einheitliches Insolvenzrecht. Kernstück der Insolvenzordnung ist das Insolvenzverfahren. Dieses dient dazu, die Gläubiger eines Schuldners gemeinschaftlich zu befriedigen, indem das Vermögen des Schuldners verwertet und der Erlös verteilt oder in einem Insolvenzplan eine abweichende Regelung getroffen wird. Ist der Schuldner ein Verbraucher, der nicht selbstständig ist oder der nur eine geringfügige selbstständige wirtschaftliche Tätigkeit ausübt, kann er auf Grundlage eines speziellen Verbraucherinsolvenzverfahrens von seinen restlichen Verbindlichkeiten befreit werden. Eine solche Restschuldbefreiung war dem zuvor geltenden deutschen Recht unbekannt und stellt rechtlich somit eine erhebliche Besserstellung des Verbrauchers dar. Um seiner Schulden ledig zu werden, muss der Verbraucher (drohende) Zahlungsunfähigkeit geltend machen können und ein mehrstufiges Verbraucherinsolvenzverfahren durchlaufen.

Institutionen
Grundlegende Rahmenbedingungen oder Spielregeln einer Gesellschaft. Institutionen reichen von geschriebenen Verfassungen, Gesetzen, Verordnungen bis zu Tabus, Sitten und Traditionen. Institutionen stecken den zum Handeln verfügbaren Möglichkeitsraum ab und wirken vornehmlich auf die Restriktionen bzw. Beschränkungen für menschliches Handeln.

Kaufvertrag
Die Qualifizierung eines Vertrags als Kaufvertrag ist dann gegeben, wenn eine Sache gegen Zahlung übereignet bzw. ein Recht gegen Zahlung übertragen werden soll (§433 BGB). Der Kaufvertrag wird also bestimmt durch den Austausch von Ware und Geld. Der Kaufvertrag kommt zu Stande durch Angebot und Annahme. Dabei handelt es sich um zwei inhaltlich übereinstimmende Willenserklärungen, die mit Bezug aufeinander abgegeben werden.

Käufermärkte
Märkte mit Sättigungstendenzen, auf denen die Käufer die Absatzmöglichkeiten der Verkäufer beschränken. Umgekehrt ist es auf Verkäufermärkten, auf denen die Nachfrage dem Angebot vorauseilt mit der Folge, dass die Käufer hier durch die Verkäufer beschränkt werden. Auf Käufermärkten sind die Käufer, auf Verkäufermärkten die Verkäufer in einer relativ starken Marktposition.

Knappheit
Ökonomische Formulierung des Tatbestandes, dass mit den vorhandenen Ressourcen nicht alle existenten Bedürfnisse befriedigt werden können. Bei Ressourcen handelt es sich um materielle und immaterielle Güter zu Produktions- und Konsumzwecken, aber auch um persönliche Fähigkeiten, Wissen und Zeit. Infolge der Ubiquität von Knappheit spricht man auch vom universalen Gesetz der Knappheit, unter der menschliches Leben generell steht.

Knappheitspreise
Sollen in Marktsystemen Auskunft über die Wertschätzung (bzw. relative Knappheit) der Güter geben. Damit ein Preis einen Knappheitspreis darstellt, müssen in ihm die gesamten Folgen der Erstellung und Nutzung des Guts zum Ausdruck kommen. Treten bei der Produktion oder dem Konsum des Guts externe Effekte auf, so weichen die auf dem Markt sichtbaren Güterpreise von den Knappheitspreisen ab.

Konsumentensouveränität
Axiomatisch verdichtete Aussage, nach der Umfang und Struktur der Produktion letztlich durch die Konsumentenpräferenzen bestimmt ist (positive Verwendung) oder bestimmt sein soll (normative Verwendung). Konsumentensouveränität stellt eine zentrale Legitimationsbasis für Marktwirtschaften dar.

Kosten
Die Auswahl aus verschiedenen Handlungsalternativen ist unter Knappheitsbedingungen mit (Opportunitäts-)Kosten verbunden. Sie bestehen in dem entgangenen Nutzen der nicht realisierten nächstbesten Alternative, auf die man verzichten muss, wenn man sich für eine bestimmte Mittelverwendung/Handlungsmöglichkeit entschieden hat.

Lohnminute
Die Lohnminute bezeichnet den auf Basis der Nettolohn- und -gehaltssumme/Arbeitsstunde berechneten durchschnittlichen Verdienst pro Minute in einer Volkswirtschaft. Sie eignet sich als Maß zum (internationalen oder intertemporalen) Vergleich der Kaufkraft und damit von Realverdiensten.

Marktentnahme
Marktentnahme bezeichnet einen Teil des Konsums der Privaten Haushalte. Die Marktentnahme enthält nach der Konvention des Statistischen Bundesamtes nicht die Aufwendungen der Privaten Haushalte für Versicherungsbeiträge/-prämien, freiwillige Beiträge zur gesetzlichen Renten- und Krankenversicherung oder sonstige direkte Steuern.

Marktkoordination
Die Abstimmung zwischen Angebot und Nachfrage über (Wettbewerbs-) Märkte. Unter idealtypischen Bedingungen führt diese zu bestmöglicher Versorgung mit knappen Gütern.

methodologischer Individualismus
Ausgangspunkt der ökonomischen Verhaltenstheorie, nach dem alle Sozialphänomene Äußerungen bzw. Ergebnisse individuellen Handelns sind und Aussagen über soziale Strukturen und Prozesse demnach aus Aussagen über individuelles Verhalten abgeleitet werden können. Der methodologische Individualismus begnügt sich mit der allgemeinen, generalisierenden Erklärung und Prognose des Verhaltens des typischen (durchschnittlichen) Individuums. Der Vorzug solcher Mustererklärungen kann darin gesehen werden, dass man auch ohne möglichst vollständige Information spezifischer individueller Handlungssituationen zu überprüfbaren Aussagen gelangt.

Mindestpreis
Preisfixierungen, die oberhalb des sich sonst ergebenden Marktpreises liegen. Mindestpreise führen zu Angebotsüberschüssen, die aus dem Markt genommen werden müssen, wenn der Mindestpreis Bestand haben soll.

Monopol
Marktstruktur, bei der ein Anbieter einer Vielzahl von Nachfragern gegenübersteht. Fehlende Wahlmöglichkeiten der Nachfrager begründen Marktmacht des Monopols. Ein Monopol tendiert zur Vernachlässigung von Konsumentenbedürfnissen und zum Unterlassen von Kostensenkungen. Auch jenseits staatlicher Kontrolle wird die Marktmacht eines Monopols durch den potenziellen Wettbewerb (steigende Anreize zum

Markteintritt neuer Unternehmen beispielsweise bei stark „überhöhten" Preisen) und durch die Substitutionskonkurrenz beschränkt.

Nachfragekurve
Ordnet alternativen Marktpreisen die jeweiligen Nachfragemengen zu und stellt damit die jeweilige Menge dar, die die Käufer zu einem bestimmten Preis zu kaufen bereit sind.

Nutzen
Das zentrale Maß für die Bedürfnisbefriedigung, die ein Individuum aus dem Konsum eines Guts zieht. Maßgebend hierfür ist allein die Einschätzung des Einzelnen hinsichtlich der Eignung eines Guts zur Befriedigung eines subjektiven Bedürfnisses.

öffentliches Gut
Unterscheidet sich von einem privaten Gut durch zwei Kennzeichen: Nicht Rivalität im Konsum und die Nicht-Geltung des (Markt-)Ausschlussprinzips. Nicht-Rivalität im Konsum bedeutet, dass durch die Tatsache einer Nutzung eines öffentliches Guts durch ein Individuum der Konsum eines weiteren Individuums nicht ver- bzw. behindert wird. Die Nicht-Geltung des (Markt-)Ausschlussprinzips meint, dass über den Preismechanismus kein Individuum von der Nutzung eines öffentlichen Guts ausgeschlossen werden kann, auch wenn dieses nicht bereit ist, einen Beitrag zur Erstellung/Erhaltung dieses Guts zu leisten.

ökonomische Verhaltenstheorie
Erklärt und prognostiziert menschliches Verhalten mit unterschiedlichen (monetären, zeitlichen, physischen und sozialen) Kosten von Verhaltensalternativen. Für die Kosten sind die institutionellen Rahmenbedingungen der Entscheidungssituation von großer Bedeutung. Säulen der ökonomischen Verhaltenstheorie sind der methodologische Individualismus, die strikte Trennung zwischen Präferenzen und Restriktionen, das Eigennutzaxiom sowie Rationalität.

Paretooptimalität
Gesamtwirtschaftliches Effizienzkriterium. Eine Situation ist paretooptimal, wenn alle wechselseitig vorteilhaften Tauschmöglichkeiten genutzt worden sind, wenn also niemand mehr besser gestellt werden kann, ohne nicht wenigstens einen anderen schlechter stellen zu müssen.

Präferenzen
Subjektive Wünsche, Motive und Ziele eines Individuums in einer Entscheidungssituation.

Produktivität
Produktivität bezeichnet allgemein das Verhältnis von Einsatz und Ergebnis bei der Erstellung von Leistungen. Zentrale Größen in der Ökonomie sind die Arbeits- und die Kapitalproduktivität. In der Diskussion um Wege zu einer nachhaltigen Entwicklung spielt darüber hinaus die Ressourcenproduktivität eine wichtige Rolle.

Rationalität
Ein Mittel des Individuums, seine Ziele möglichst „kostengünstig" zu erreichen. „Kostengünstiges" Handeln ist dabei sowohl pekuniär wie auch in zeitlichen, physischen und sozialen Dimensionen zu verstehen.

Restriktionen
Beschränkungen des Handlungsspielraums, denen sich Individuen bei der Realisierung ihrer Ziele und Wünsche (Präferenzen) gegenübersehen.

Sättigungsmenge
Bezeichnet die Nachfragemenge, die sich bei einem Preis von Null ergibt. Die Sättigungsmenge ist durch einen Grenznutzen von Null und damit auch durch eine Zahlungsbereitschaft von Null gekennzeichnet.

Suchgut
Kategorie der Informationsökonomik. Als Suchgüter bezeichnet man solche Güter, deren Eigenschaftsmerkmale (anders als bei Erfahrungs- und Vertrauensgütern) vor dem Kauf ermittelt werden können.

Trittbrettfahrerposition
Im Zusammenhang mit der Problematik der öffentlichen Güter auftauchender Anreiz, eine Leistung in Anspruch zu nehmen, ohne sich an den Kosten der Bereitstellung zu beteiligen. Aus der Sicht des Individuums ist die Einnahme der Trittbrettfahrerposition vorteilhaft. Daher besteht für jeden Nachfrager ein systematischer Anreiz, von sich aus an den öffentlichen Gütern mitzuprofitieren, die Kosten deren Bereitstellung aber zu meiden – in der Erwartung, dass diese Güter auch ohne seinen jeweiligen (ohnehin geringen) Beitrag zu Stande kommen. Diese Attraktivität der Trittbrettfahrerposition verhindert die Entstehung von Marktpreisen.

Vertrauensgut
Kategorie der Informationsökonomik. Als Vertrauensgüter bezeichnet man solche Güter, bei denen der Käufer zentrale Eigenschaftsmerkmale weder vor dem Kauf (wie bei einem Suchgut) noch nach dem Kauf (wie bei einem Erfahrungsgut) mit vertretbarem Aufwand ermitteln kann. Es bleibt

dem Käufer nicht anderes übrig, als darauf zu vertrauen, dass das Gut den von ihm gewünschten Eigenschaftsmerkmalen entspricht.

Volkswirtschaftliche Gesamtrechnung
Als Teil der amtlichen Statistik ein Instrument zur Ex-post-Beschreibung ökonomischer Aktivitäten in einer Volkswirtschaft. Erfasst werden die wichtigen (ökonomischen) Aktivitäten der einzelnen Wirtschaftssubjekte. Die Volkswirtschaftliche Gesamtrechnung gibt einen Überblick insbesondere über Wertschöpfung, Sozialprodukt und Volkseinkommen einer Volkswirtschaft.

Wirtschaftssubjekt
Die in der ökonomischen Analyse betrachtete wirtschaftlich handelnde Einheit (Wirtschaftseinheit). Diese kann aus Einzelpersonen, aber auch aus Personenzusammenschlüssen (z. B. Privater Haushalt) bestehen. Wirtschaftssubjekte sind Träger der ökonomischen Entscheidungen.

11 Schlüsselwortverzeichnis

Informationen zu den Autoren

Prof. Dr. Gerd-Jan Krol
ist seit 1980 als Professor im Institut für Wirtschaftswissenschaft der Universität Münster beschäftigt, seit Januar 2000 im Institut für Ökonomische Bildung. Seine Forschungsschwerpunkte liegen im Bereich Ökonomische Bildung, allgemeiner Wirtschaftsdidaktik, Verbraucherpolitik und Verbraucherbildung sowie der Umweltökonomie, Umweltpolitik und Umweltbildung.

Weitere Infos unter
http://www.wiwi.uni-muenster.de/ioeb/organisation/krol.html

Prof. Dr. rer. pol. Jan Karpe
hat seit Oktober 2002 eine Professur für Wirtschaftswissenschaften (Verbundstudium Wirtschaftsinformatik) an der Fachhochschule Köln inne.
Seine Forschungsschwerpunkte liegen im Bereich Ökonomische Bildung und allgemeiner Wirtschaftsdidaktik, moderne Ökonomik, Konfliktmittlung (Mediation) und Aushandlungsprozesse, Lerntheorie sowie im Bereich Sozialökonomische Grundlagen der Umweltbildung.

Weitere Infos unter: http://www.gm.fh-koeln.de/~karpe/

M. A. Andreas Zoerner
ist wissenschaftlicher Mitarbeiter am Institut für Ökonomische Bildung in Münster. Seine Forschungsschwerpunkte liegen in den Bereichen Ökonomische Bildung, Verteilungspolitik und Umweltbildung.

Weitere Infos unter:
http://www.wiwi.uni-muenster.de/ioeb/organisation/zoerner.html